초등 문해력까지 키워주는 한자 3박자 연상 학습법

어문회
한자능력검정시험

한 권으로 끝내기!

8급

시대에듀

" 소설처럼 재미있게 읽다 보면
정확하고 풍부한 어휘력과 생각하는 힘이 저절로 길러지고,
'한자 3박자 연상 학습법'도 익혀져 어떤 한자라도
자신 있게 분석하고 뜻을 생각해 볼 수 있으며,
자신 있는 언어생활은 물론
어원에 담긴 진리와 아이디어까지 깨쳐
생활에 100배, 1,000배 활용할 수 있습니다. "

 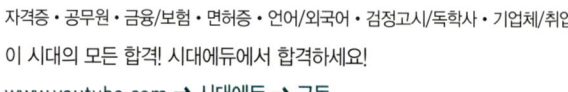 

머리말

한자 3박자 연상 학습법은…

❶ 머리에 쏙쏙 들어오는 생생한 어원으로
❷ 동시에 관련된 한자를 익히면서
❸ 그 한자가 쓰인 어휘들까지 생각해 보는

신기하고 재미있는 한자 공부 방법입니다!

복잡하고 어려운 한자!
이제 읽으면서 쉽고 재미있게 익혀 볼까요?

이 책은 이런 점이 달라요.

❶ 읽으면 저절로 외워지는 기적의 한자 학습법!
무작정 읽고 쓰기보다는 **머리에 쏙쏙 들어오는 생생한 어원을 읽으며 한자를 재미있게 익힐 수 있습니다.**

❷ 이 책은 하나의 한자를 익히더라도, 한자의 모양에 따라 그 한자와 관련된 한자들도 동시에 익힐 수 있습니다.

❸ 한자를 똑똑하게 익힐 수 있는 것은 물론, 일상생활에서 자주 쓰이는 단어, 시험에 자주 출제되는 단어 등 **한국어문회 8급에 해당하는 배정한자를 한 권에 담았습니다.**

❹ 모든 내용이 **바로바로 이해되도록 자세하게 설명을 덧붙여 나열하였습니다.**

❺ 무엇보다 이 책은 급수 시험을 준비할 수 있을뿐만 아니라, 어원을 읽고 곰곰이 생각해 보는 과정을 통해 **세상을 깊이 있게 탐구할 수 있는 안목도 길러지도록** 하였습니다.

부디 여러분의 한자 학습이 쉽고 재미있었으면 좋겠습니다.

여러분을 사랑하는 저자 박정서 · 박원길 올림

한자능력검정시험 소개

- **주관:** 한국어문회

- **시행:** 한국한자능력검정회

- **공인 자격**
  1. 국가공인자격 : 특급, 특급Ⅱ, 1급, 2급, 3급, 3급Ⅱ
  2. 민간자격 : 4급, 4급Ⅱ, 5급, 5급Ⅱ, 6급, 6급Ⅱ, 7급, 7급Ⅱ, 8급

- **급수 구분**
  특급, 특급Ⅱ, 1급, 2급, 3급, 3급Ⅱ, 4급, 4급Ⅱ, 5급, 5급Ⅱ, 6급, 6급Ⅱ, 7급, 7급Ⅱ, 8급

- **급수 배정** (특급과 Ⅱ가 붙은 급수는 제외했습니다.)

급수	읽기	쓰기	수준 및 특성
1급	3,500	2,005	국한혼용 고전을 불편 없이 읽고, 연구할 수 있는 수준 초급 (상용한자 + 준상용한자 도합 3,500자, 쓰기 2,005자)
2급	2,355	1,817	상용한자를 활용하는 것은 물론 인명지명용 기초한자 활용 단계 (상용한자 + 인명지명용 한자 도합 2,355자, 쓰기 1,817자)
3급	1,817	1,000	고급 상용한자 활용의 중급 단계 (상용한자 1,817자 – 교육부 1,800자 모두 포함, 쓰기 1,000자)
4급	1,000	500	중급 상용한자 활용의 고급 단계(상용한자 1,000자, 쓰기 500자)
5급	500	300	중급 상용한자 활용의 초급 단계(상용한자 500자, 쓰기 300자)
6급	300	150	기초 상용한자 활용의 고급 단계(상용한자 300자, 쓰기 150자)
7급	150	–	기초 상용한자 활용의 초급 단계(상용한자 150자)
8급	50	–	한자 학습 동기 부여를 위한 급수(상용한자 50자)

※시험 정보는 변동될 수 있으므로 반드시 시행처 홈페이지에서 확인하세요.

※ 관련 규정 및 세부 내용은 변경될 수 있으며, 자세한 사항은 시행처 홈페이지(hanja.re.kr)를 참고하시기 바랍니다.

문제유형

1. 독음 : 한자의 소리를 묻는 문제입니다.
2. 훈음 : 한자의 뜻과 소리를 동시에 묻는 문제입니다.
3. 장단음 : 한자 단어 첫소리 발음의 길고 짧음을 구분하는 문제입니다. (4급 이상만 출제)
4. 반의어/상대어 : 어떤 글자와 반대 또는 상대되는 글자를 알고 있는가를 묻는 문제입니다.
5. 완성형 : 고사성어나 단어의 빈칸을 채우도록 하여 단어와 성어의 이해력 및 조어력을 묻는 문제입니다.
6. 부수 : 한자의 부수를 묻는 문제입니다.
7. 동의어/유의어 : 어떤 글자와 뜻이 같거나 유사한 글자를 알고 있는가를 묻는 문제입니다.
8. 동음이의어 : 소리는 같고, 뜻은 다른 단어를 알고 있는가를 묻는 문제입니다.
9. 뜻풀이 : 고사성어나 단어의 뜻을 제대로 알고 있는가를 묻는 문제입니다.
10. 약자 : 한자의 획을 줄여서 만든 약자를 알고 있는가를 묻는 문제입니다.
11. 한자 쓰기 : 제시된 뜻, 단어 등에 해당하는 한자를 쓸 수 있는가를 확인하는 문제입니다.
12. 필순 : 한 획 한 획의 쓰는 순서를 알고 있는가를 묻는 문제입니다.
13. 한문 : 한문 문장을 제시하고 뜻풀이, 독음, 문장의 이해, 한문법의 이해 등을 측정하는 문제입니다.

급수별 출제 기준

구분	1급	2급	3급	4급	5급	6급	7급	8급
독음	50	45	45	32	35	33	32	24
훈음	32	27	27	22	23	22	30	24
장단음	10	5	5	3	–	–	–	–
반대어(상대어)	10	10	10	3	3	3	2	–
완성형(성어)	15	10	10	5	4	3	2	–
부수	10	5	5	3	–	–	–	–
동의어(유의어)	10	5	5	3	3	2	–	–
동음이의어	10	5	5	3	3	2	–	–
뜻풀이	10	5	5	3	3	2	2	–
약자	3	3	3	3	3	–	–	–
한자 쓰기	40	30	30	20	20	20	–	–
필순	–	–	–	–	3	3	2	2
한문	–	–	–	–	–	–	–	–
총 출제 문항 수	200	150	150	100	100	90	70	50

한자능력검정시험 소개

○ 시험 시간

1급	2급 · 3급	4급 · 5급 · 6급 · 7급 · 8급
90분	60분	50분

○ 합격 기준

구분	1급	2급 · 3급	4급 · 5급	6급	7급	8급
출제 문항	200	150	100	90	70	50
합격 문항	160	105	70	63	49	35

▶ 1급은 출제 문항의 80% 이상, 2급~8급은 70% 이상 득점하면 합격입니다.
▶ 합격 발표 시 제공되는 점수는 1문항당 1점으로 계산합니다.
▶ 각 급수의 만점은 출제 문항 수이고, 응시자의 점수는 득점한 문항 수입니다.

○ 우수상 시상 기준

구분	1급	2급 · 3급	4급	5급	6급	7급	8급
초등학생 (미취학포함)	160	105	80	90	81	63	45
중학생	160	112	85	90	–	–	–
고등학생	160	120	90	–	–	–	–

○ 우량상 시상 기준

구분	1급	2급 · 3급	4급	5급	6급	7급	8급
초등학생 (미취학포함)	–	–	75	85	76	59	42
중학생	–	105	80	85	–	–	–
고등학생	–	112	85	–	–	–	–

합격의 공식 Formula of pass | 시대에듀 www.sdedu.co.kr

※ 관련 규정 및 세부 내용은 변경될 수 있으며, 자세한 사항은 시행처 홈페이지(hanja.re.kr)를 참고하시기 바랍니다.

답안 작성 시 유의사항

❶ 필기구 및 답안 작성과 수정
- 필기구는 검정색 볼펜, 일반 수성(플러스)펜을 사용하셔야 합니다.
- 연필, 붓펜, 네임펜, 컴퓨터용펜, 유성펜류는 뭉개져 흐려지거나, 번져 채점 시 불이익을 받을 수 있습니다.
- 데이터 입력은 문자 인식 과정을 거치는데, 지정된 필기구를 사용하지 않거나, 검정색이 아닌 펜으로 작성된 답안지는 인식 과정에서 문제가 발생할 수 있습니다.
- 답안 수정은 수정액과 수정테이프를 사용하실 수 있습니다. 다만, 수정 항목이 많은 경우 답안지를 새로 받아서 재작성하시길 바랍니다.
- 미취학생, 초등학교 저학년 학생의 경우 수정액·수정테이프 사용법을 미리 익히시길 권해드립니다.
- 답안지 앞뒷면의 각 귀퉁이에 있는 ■ 표식은 전산입력 시 사용되는 인식기준점입니다. 해당 기준점이 훼손되거나, 주변에 낙서하면 OCR 시스템의 인식 불능으로 0점 처리될 수 있습니다.

❷ 약자 답안 처리
- 약자를 답으로 요구하는 문제는 반드시 약자를 쓰셔야 정답으로 인정됩니다.
- 약자를 답으로 요구하지 않는 문제를 약자로 답안을 작성한 경우는 정답으로 인정됩니다.
  (단, 정자를 요구하는 문제 제외)

❸ 국어 표기법 준수
  답안 작성 시 두음법칙을 지키지 않거나, 국어 표기법이 맞지 않으면, 해당 한자 음이더라도 오답 처리됩니다.

❹ 응시자 정보 기재
- 성명, 수험번호, 생년월일은 반드시 응시 원서와 동일하게 작성해야 합니다.
- 성명을 비롯한 모든 항목은 맨 앞칸부터 띄어쓰기 없이 기입하세요.

참고사항

❶ 관련 규정 및 세부 내용은 변경될 수 있으며, 자세한 사항은 한국어문회 홈페이지(www.hanja.re.kr)를 참고해 주시기 바랍니다.

❷ 우대 사항의 경우, 해마다 기관별로 혜택 여부가 상이할 수 있으므로, 자세한 사항은 해당 기관에 문의하시는 것이 좋습니다.

한자 3박자 연상 학습법

한자 3박자 연상 학습법 이란?

한자 3박자 연상 학습법(LAM: Learning for Associative Memories)은 어렵고 복잡한 한자를 무조건 통째로 익히지 않고, 부수나 독립된 한자로 나누어 ① 머리에 쏙쏙 들어오는 생생하고 명쾌한 어원으로, ② 동시에 관련된 한자들도 익히면서, ③ 그 한자가 쓰인 어휘들까지 생각해 보는 방법입니다.

이런 학습법으로 된 내용을 좀 더 체계적으로 익히기 위해서는 ① 제목을 중심 삼아 외고, ② 제목을 보면서 각 한자들은 어떤 공통점과 차이점으로 이루어진 한자들인지, 어원과 구조로 떠올려 보고, ③ 각 한자들이 쓰인 어휘들은 무엇인지 생각해 보시는 방법이 좋습니다.

그래서 어떤 한자를 보면, 그 한자와 관련된 한자들로 이루어진 제목이 떠오르고, 그 제목에서 각 한자들의 어원과 쓰인 어휘들까지 떠올릴 수 있다면, 이미 그 한자는 완전히 익히신 것입니다.

그러면 한자 박자 연상 학습법의 바탕이 된 일곱 가지를 소개합니다.

◉ 어원(語源)으로 풀어 보기

한자에는 비교적 분명한 어원이 있는데, 어원을 모른 채 글자와 뜻만을 억지로 익히다 보니, 잘 익혀지지 않고 어렵기만 하지요.
한자의 어원을 생각하는 방법은 아주 간단합니다. 글자를 딱 보아서 부수나 독립된 글자로 나눠지지 않으면, 그 글자만으로 왜 이런 모양에 이런 뜻의 글자가 나왔는지 생각해 보고, 부수나 독립된 글자로 나눠지면 나눠서, 나눠진 글자들의 뜻을 합쳐 보면 되거든요. 그래도 어원이 생각나지 않을 때는, 상상력을 동원하여 나눠진 글자의 앞뒤나 가운데에 말을 넣어 보면 되고요.
아래의 '오랠 고, 옛 고(古)'로 예를 들어보겠습니다.

예

'古'의 경우 '열 십(十)'과 '입 구(口)'로 나누어지지요? 나누어진 한자들의 뜻을 조합해 보세요. 이런 방식으로 어원을 통해 한자를 풀이해 보면 한자를 보다 쉽게 익히고 오래오래 기억할 수 있습니다.

○ 공통 부분으로 익히기

한자는 여러 한자를 합쳐서 만들어진 한자가 많고, 부수 말고도 많은 한자에 공통 부분이 있으니, 이 공통 부분에 여러 부수를 붙여 보는 방법도 유익합니다.

> **예** 5망맹(亡忘忙茫盲) - 망할 망(亡)으로 된 한자
> 머리(亠)를 감추어야(乚) 할 정도로 망하여 달아나니 **망할 망, 달아날 망(亡)**
> 또 망하여 죽으니 **죽을 망(亡)**
> 망한(亡) 마음(心)처럼 잊으니 **잊을 망(忘)**
> 마음(忄)이 망할(亡) 정도로 바쁘니 **바쁠 망(忙)**
> (그릇된 생각이나 행동으로) 정신이 망한(亡) 여자(女)처럼 망령되니 **망령될 망(妄)**
> 풀(艹)이 망가진(亡) 티끌이니 **티끌 망(茫)**
> 망한(亡) 눈(目)이면 눈먼 시각장애인이니 **눈멀 맹, 시각장애인 맹(盲)**

이 한자들을 옥편에서 찾으려면 잊을 망(忘)과 바쁠 망(忙)은 마음 심(心)부에서, 망령될 망(妄)은 여자 녀(女)부에서, 티끌 망(茫)은 초 두(艹)부에서, 눈멀 맹, 시각장애인 맹(盲)은 눈 목(目)부에서 찾아야 하고, 서로 연관 없이 따로따로 익혀야 하니 어렵고 비효율적이지요.

> **예** 忘 忙 茫 盲

그러나 부수가 아니더라도 여러 한자들의 공통 부분인 망할 망(亡)을 고정해 놓고, 망한(亡) 마음(心)처럼 잊으니 잊을 망(忘), 마음(忄)이 망할(亡) 정도로 바쁘니 바쁠 망(忙), 정신이 망한(亡) 여자(女)처럼 망령되니 망령될 망(妄), 풀(艹)이 망가진(亡) 티끌이니 티끌 망(茫), 망한(亡) 눈(目)이면 눈먼 시각장애인이니 눈멀 맹, 시각장애인 맹(盲)의 방식으로 익히면, 한 번에 여러 한자를 쉽고도 재미있게 익힐 수 있지요.

한자 3박자 연상 학습법

○ 연결 고리로 익히기

한자는 앞 글자에 조금씩만 붙이면 새로운 뜻의 한자가 계속 만들어져, 여러 한자를 하나의 연결 고리로 꿸 수 있는 경우도 많습니다.

> **예** 도인인인(刀刃忍認) – 刀에서 연결 고리로 된 한자
> 칼 모양을 본떠서 **칼 도(刀)**
> 칼 도(刀)의 날(丿) 부분에 점(丶)을 찍어서 **칼날 인(刃)**
> 칼날(刃)로 마음(心)을 위협하면 두려워 참으니 **참을 인(忍)**
> 하고 싶은 말(言)이 있어도 참고(忍) 인정하니 **인정할 인(認)**

칼 모양을 본떠서 칼 도(刀), 칼 도(刀)에 점 주, 불똥 주(丶)면 칼날 인(刃), 칼날 인(刃)에 마음 심(心)이면 참을 인(忍), 참을 인(忍)에 말씀 언(言)이면 인정할 인(認)이 되지요.

○ 비슷한 한자 어원으로 구별하기

비슷한 한자도 많아 혼동될 때가 많은데, 이 경우도 어원으로 구분하면 쉽고도 분명하게 구분되고, 오래도록 잊히지 않습니다.

> **예** 분분(粉紛) – 粉과 비슷한 한자
> 쌀(米) 같은 곡식을 나눈(分) 가루니 **가루 분(粉)**
> 실(糹)을 나누면(分) 헝클어져 어지러우니 **어지러울 분(紛)**

> **예** 여노 서노(如奴 恕怒) – 如, 恕와 비슷한 한자
> 여자(女)의 말(口)은 대부분 부모나 남편의 말과 같으니 **같을 여(如)**
> 여자(女)의 손(又)처럼 힘들게 일하는 종이니 **종 노(奴)**
> 예전과 같은(如) 마음(心)으로 용서하니 **용서할 서(恕)**
> 일이 힘든 종(奴)의 마음(心)처럼 성내니 **성낼 노(怒)**

○ 그림으로 생각해 보기

한자가 부수나 독립된 한자로 나눠지지 않을 경우, 이 한자는 무엇을 본떠서 만들었는지 생각해서 본뜬 물건이 나오면 상형(象形)으로 만들어진 한자고, 본뜬 물건이 나오지 않으면 보이지 않는 무슨 일을 추상하여 만든 지사(指事)로 된 한자입니다.

> **예**
> **상형** 가지 달린 나무를 본떠서 **나무 목(木)**
> **지사** 일정한 기준(一)보다 위로 오르는 모양을 생각하여 **위 상, 오를 상(上)**

○ 하나의 한자에 여러 뜻이 있으면, 그 이유를 생각해서 익히기

한자도 처음 만들어질 때는 하나의 한자에 하나의 뜻이었지만, 생각이 커지고 문화가 발달할수록 더 많은 한자가 필요하게 되었어요. 그럴 때마다 새로운 한자를 만든다면 너무 복잡해지니, 이미 있던 한자에 다른 뜻을 붙여 쓰게 되었지요.

그러나 아무렇게 붙여 쓰는 것이 아니고, 그런 뜻이 붙게 된 이유가 분명히 있으니, 무조건 외는 시간에 "이 한자는 왜 이런 뜻으로도 쓰일까?"를 생각하여 "아~해!^^ 그래서 이 한자에 이런 뜻이 붙었구나!"를 스스로 터득하면서 익히면 훨씬 효과적이지요.

예를 들어 '해를 본떠서 만든 해 일(日)'이면 '해 일'이지 어찌 '날 일'의 뜻도 있을까? 아하~! 해가 뜨고 짐으로 구분되는 날이니 '날 일'이라는 뜻이 붙었구나!

앞에 나왔던 쓸 고, 괴로울 고(苦)의 경우도 '쓸 고'면 '쓸 고'지 어찌 '괴로울 고'의 뜻도 있을까? 조금만 생각해도 맛이 쓰면 먹기에 괴로우니 '괴로울 고(苦)'도 되었음을 금방 알게 되지요.

한자 3박자 연상 학습법

◉ 한자마다 반드시 예(例)까지 알아두기

한자를 익히면 반드시 그 글자가 쓰인 예(例)까지, 자주 쓰이는 낱말이나 고사성어 중에서 적절한 예(例)를 골라 익히는 습관을 들이세요. 그러면 "어? 이 한자가 이런 말에도 쓰이네!" 하면서 그 한자를 더 분명히 알 수 있을뿐더러, 그 한자가 쓰인 단어들까지 정확히 알 수 있으니, 정확하고 풍부한 어휘실력을 기를 수 있는 지름길이 됩니다.

어휘 풀이도 의역 위주로 된 사전식으로 단어 따로 뜻 따로 억지로 외지 마시고, 먼저 아는 한자를 이용하여 직역(直譯)해 보고, 다음에 의역(意譯)해 보는 습관을 들이세요. 그래야 어휘의 뜻도 분명히 알 수 있으면서, 한자 실력도 쑥쑥 늘어납니다.

◉ 기대되는 효과

이상 일곱 가지 방법을 종합하여 '한자 3박자 연상 학습법'을 만들었습니다.

한자 3박자 연상 학습법으로 한자를 익히면, 복잡하고 어려운 한자에 대하여 자신감을 넘어 큰 재미를 느낄 것이며, 한자 3박자 연상 학습법이 저절로 익혀져, 한자 몇 자 아는 데 그치지 않고, 어떤 한자를 보아도 자신 있게 분석해 보고 뜻을 생각해 볼 수 있는 안목도 생깁니다.

또 일상생활에서 만나는 어려운 단어의 뜻도 막연히 껍데기로만 알지 않고 분명하게 아는 습관이 생겨, 정확하고 풍부한 어휘 실력이 길러지고, 이를 바탕으로 자신 있는 언어생활, 나아가 자신 있는 사회생활을 하게 되며, 중국어나 일본어도 70% 이상 한 셈이 됩니다.

○ 한자 3박자 연상 학습법에 따른 학습법

1박자 학습

첫 번째로 나온 한자는 아래에 나온 한자들의 기준이 되는 '기준 한자'이며, 1박자 학습 시엔 기준 한자부터 오른쪽에 설명되어 있는 생생한 어원과 함께 익힙니다. (또한 필순/배정급수/총 획수/부수 등이 표시되어 있으니 이 또한 참고하며 익히세요.)

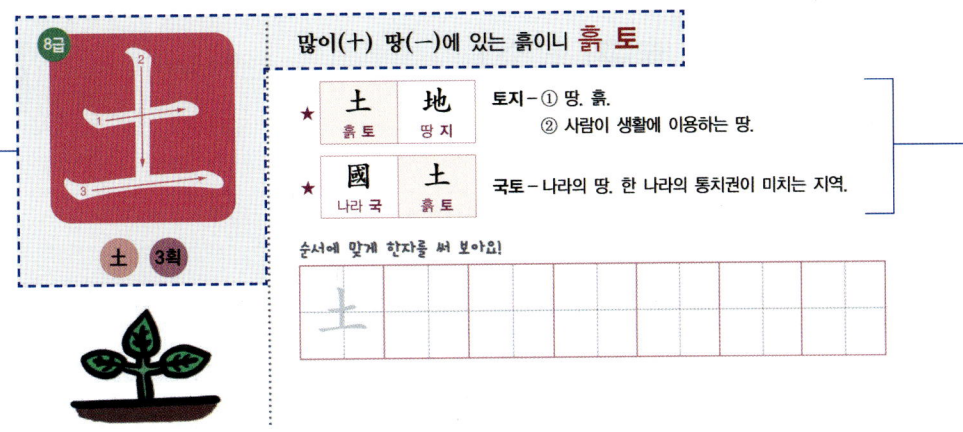

2박자 학습

기준 한자를 중심으로 연결 고리로 된 다른 한자들(첫 번째 한자 아래에 나온 한자들)을 오른쪽의 생생한 어원과 함께 자연스럽게 연상하며 익힙니다.

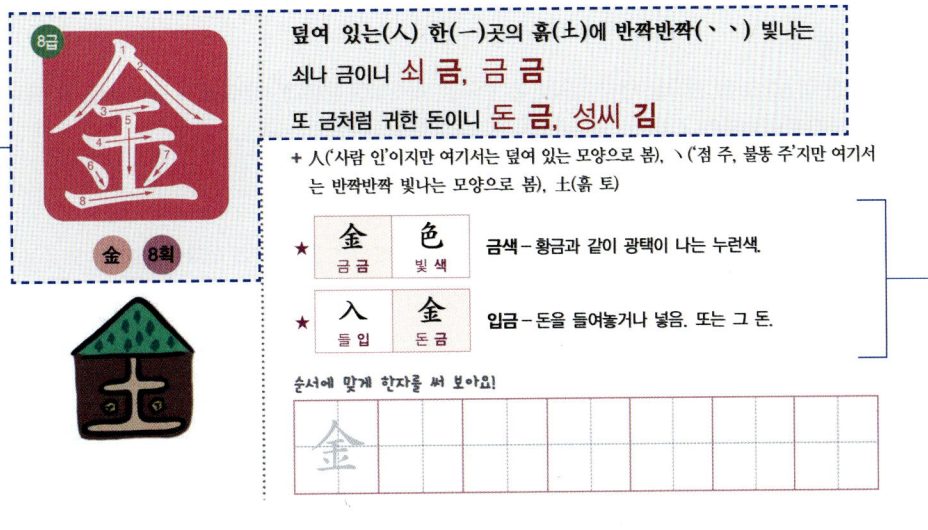

3박자 학습

어원을 중심으로 한자들을 자연스럽게 연상하며 익히는 것과 함께, 일상생활이나 교과서에서 자주 사용되는 어휘들을 익히도록 합니다.

책의 구성 & 특징

1 한자 익히기

본 교재는 8급 배정한자 50자를 공통점이 있는 한자들끼리 묶어 제목번호 001번부터 038번까지 총 38개의 그룹으로 나눈 뒤 '한자 3박자 연상 학습법'에 따라 공부할 수 있도록 구성하였습니다.

❶ 제목
'같은 어원으로 된 한자들, 연결 고리로 된 한자들, 비슷하여 혼동되는 한자들'과 같이 서로 관련된 한자들을 한데 묶은 그룹의 제목입니다.

❷ 어원 풀이
각 한자의 어원을 철저히 분석하여 원래의 어원에 충실하면서도 가장 쉽게 이해되도록 간단명료하게 풀었습니다.

❸ 필순 / 배정급수 / 총 획수 / 부수
각 한자의 필순 및 배정급수 등 한자에 대한 정보를 모두 수록하였으며, 필순을 한자 내부에 표기하여 한자를 바르게 써 볼 수 있도록 하였습니다.

❹ 활용 어휘
일상생활이나 교과서에서 자주 사용되는 어휘, 시험에 자주 출제되는 어휘들을 뽑아 수록하였으며, 7급 시험 10개년 기출문제를 분석해 빈출 어휘를 가려 각각의 어휘 앞에 ★ 표시를 붙였습니다. ★ 개수가 많을수록 7급 시험 출제 빈도수가 높은 어휘이므로, 미리 익혀두면 일상생활에서는 물론 나중에 있을 7급 시험 준비에도 큰 도움이 될 수 있습니다.

② 실력 체크 퀴즈 & 중간 점검 퀴즈

실력 체크 퀴즈

매일 한자 학습을 마친 뒤 실력 체크 퀴즈를 통해 오늘 배운 내용을 복습하고, 실제 시험 문제와 같은 유형의 문제를 풀어 보며 실력 점검을 할 수 있도록 하였습니다.

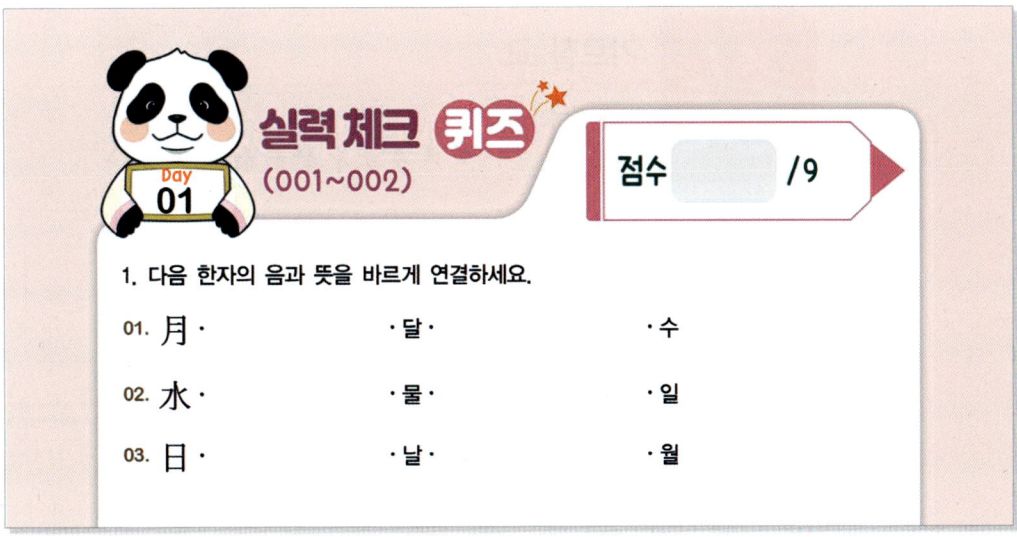

중간 점검 퀴즈

중간 점검 퀴즈를 통해 5일 동안 학습한 내용을 복습하고, 실제 시험 문제와 같은 유형의 문제를 풀어 보며 나의 한자 실력을 중간 점검해 볼 수 있도록 하였습니다.

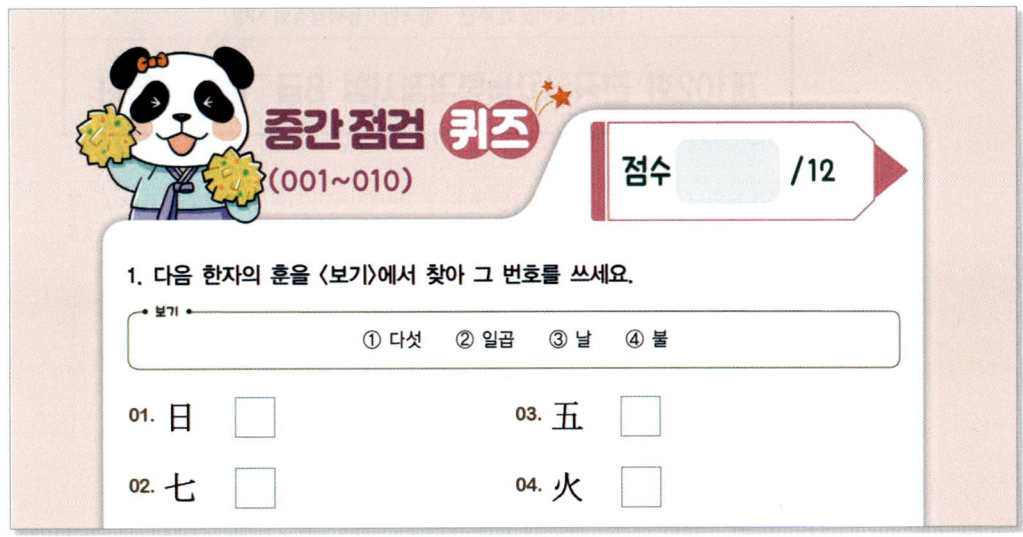

책의 구성 & 특징

③ 한자 복습하기

8급 배정한자를 모두 익힌 후에는 한자를 따라 써 보며 필순, 부수 등을 다시 한번 복습할 수 있도록 하였습니다.

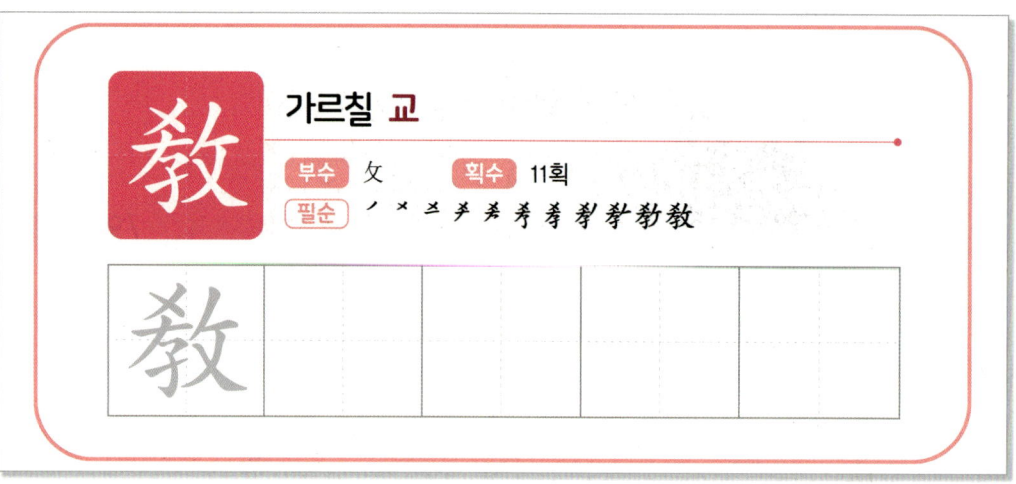

④ 기출문제

시험 전 실제 기출문제를 풀어보며 출제 경향을 파악하고 나의 실력을 정확하게 점검할 수 있도록 한국어문회 공식 기출문제 5회분을 수록하였습니다. 정답 및 해설은 103p에서 확인할 수 있습니다.

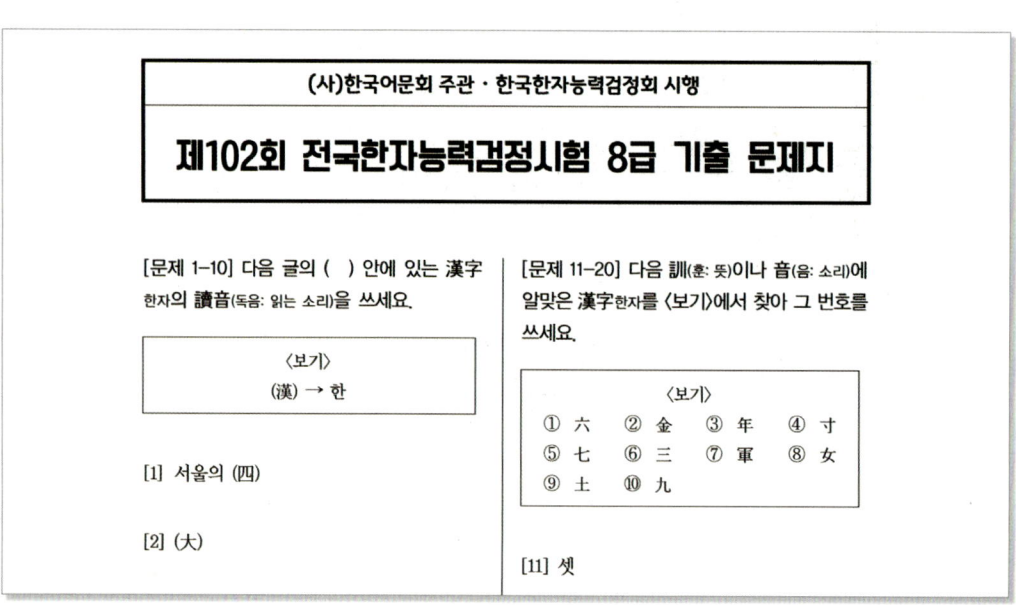

⑤ 특별 부록 - 내 글씨로 완성하는 〈8급 합격 쓰기노트〉

시험 전 학습한 내용을 정리하고 다시 써 볼 수 있도록 8급 한자 쓰기노트를 소책자에 수록하였습니다. 한자를 무작정 따라 쓰는 것이 아니라, 중간중간 비워진 한자, 훈, 음 칸들을 채워가며 한 번 더 복습할 수 있도록 하였습니다.

TIP 내 글씨로 채운 소책자를 시험장에 들고 가, 시험 전 마지막까지 실력을 점검해 보세요!

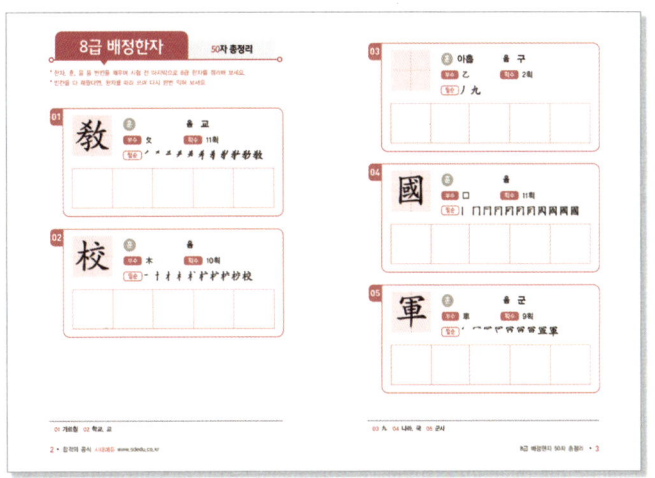

⑥ 특별 부록 - 한자 브로마이드

앞면에는 8급 한자를, 뒷면에는 7급 시험 빈출 한자 50자를 수록하였습니다. 앞면의 8급 한자를 모두 학습한 후에는 브로마이드를 뒤집어 뒷면의 7급 한자를 미리 익혀 앞으로 있을 7급 시험에도 대비할 수 있도록 하였습니다.

TIP 절취선을 따라 브로마이드를 오린 뒤, 눈에 잘 띄는 곳에 붙이고 자주 들여다보며 자연스럽게 학습해 보세요!

책의 구성 & 특징

⑦ 부가 자료 (PDF 파일)

한자 쓰기노트
한자를 더 많이 쓰며 복습할 수 있도록 한자 쓰기노트 PDF 파일을 제공합니다.

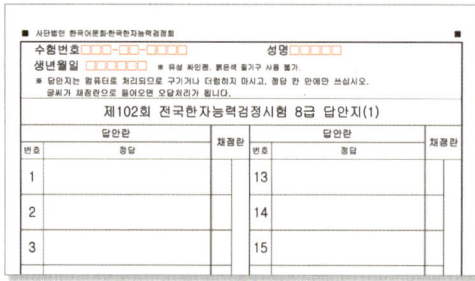

기출문제 답안지
정답을 시험지가 아닌 답안지에 따로 기입하여 제출해야 하는 어문회 시험 특성상, 답안지 작성을 미리 연습할 수 있도록 답안지 PDF 파일을 제공합니다.

부가 자료 PDF 다운로드 방법
① 우측 QR코드 스캔
② www.sdedu.co.kr 접속 → 학습자료실 → 도서업데이트
  → 〈어문회 한자능력검정시험 8급 한 권으로 끝내기〉 검색 후 다운로드

20일 완성 학습 플래너

✓ **달성 개수를 채워가며 학습해 봅시다.**

날짜	달성 체크	학습 범위
Day 01	☐	Day 01 학습
Day 02	☐	Day 02 학습 + Day 01 복습
Day 03	☐	Day 03 학습 + Day 02 복습
Day 04	☐	Day 04 학습 + Day 03 복습
Day 05	☐	Day 05 학습 + Day 04 복습
Day 06	☐	Day 06 학습 + Day 05 복습
Day 07	☐	Day 07 학습 + Day 06 복습
Day 08	☐	Day 08 학습 + Day 07 복습
Day 09	☐	Day 09 학습 + Day 08 복습
Day 10	☐	Day 10 학습 + Day 09 복습
Day 11	☐	Day 11 학습 + Day 10 복습
Day 12	☐	Day 12 학습 + Day 11 복습
Day 13	☐	Day 13 학습 + Day 12 복습
Day 14	☐	Day 14 학습 + Day 13 복습
Day 15	☐	Day 15 학습 + Day 14 복습
Day 16	☐	Day 16 학습 + Day 15 복습
Day 17	☐	Day 17 학습 + Day 16 복습
Day 18	☐	Day 18 학습 + Day 17 복습
Day 19	☐	Day 19 학습 + Day 18 복습
Day 20	☐	Day 20 학습 + Day 19 복습

이 책의 차례

제1편 한자 익히기

8급 배정한자(Day 01 ~ 20) ·· 002

제2편 한자 복습하기

따라 쓰며 복습하기 ·· 068

제3편 기출문제

제102회 기출문제 ·· 088
제103회 기출문제 ·· 091
제104회 기출문제 ·· 094
제105회 기출문제 ·· 097
제106회 기출문제 ·· 100
정답 및 해설 ·· 103

제4편 한자 찾아보기

한자 찾아보기 ·· 114

한눈에 보는 어문회 8급 한자 50자

教 가르칠 교	校 학교 교	九 아홉 구	國 나라 국	軍 군사 군
金 쇠 금/성 김	南 남쪽 남	女 여자 녀	年 해 년	大 큰 대
東 동쪽 동	六 여섯 륙	萬 일만 만	母 어머니 모	木 나무 목
門 문 문	民 백성 민	白 흰 백	父 아버지 부	北 북쪽 북
四 넉 사	山 산 산	三 석 삼	生 날 생	西 서쪽 서

十 열 십	室 집 실	水 물 수	小 작을 소	先 먼저 선
二 두 이	月 달 월	外 바깥 외	王 임금 왕	五 다섯 오
弟 아우 제	長 길 장	日 해 일	一 한 일	人 사람 인
王 임금 왕	七 일곱 칠	午 낮 오	靑 푸를 청	中 가운데 중
火 불 화	兄 형 형	韓 한국 한	學 배울 학	八 여덟 팔

十 열 십	二 두 이	弟 아우 제	土 흙 토	火 불 화
室 집 실	月 달 월	長 길 장	七 일곱 칠	兄 형 형
水 물 수	外 밖 외	日 해 일	寸 마디 촌	韓 한국 한
小 작을 소	王 임금 왕	一 한 일	靑 푸를 청	學 배울 학
先 먼저 선	五 다섯 오	人 사람 인	中 가운데 중	八 여덟 팔

空 빌 공	南 남쪽 남	夫 사내 부	住 살 주	村 마을 촌
平 평평할 평	花 꽃 화	話 말씀 화	孝 효도 효	車 수레 거/차
文 글월 문	記 기록할 기	東 동쪽 동	立 설 립	名 이름 명
軍 군사 군	右 오른쪽 우	重 무거울 중	寸 마디 촌	家 집 가
歌 노래 가	間 사이 간	方 모 방	算 셈 산	春 봄 춘

미리 보는 어문회 7급 비출 한자 50자

冬 겨울 동	夏 여름 하	川 내 천	林 수풀 림	江 강 강
夕 저녁 석	有 있을 유	答 대답 답	來 올 래	世 세상 세
里 마을 리	命 목숨 명	植 심을 식	邑 고을 읍	足 발 족
直 곧을 직	工 장인 공	洞 마을 동	老 늙을 로	室 집 실
旗 기 기	少 적을/젊을 소	育 기를 육	左 왼쪽 좌	休 쉴 휴

한눈에 보는 어문회 8급 한자 50자

教 가르칠 교	校 학교 교	九 아홉 구	國 나라 국	軍 군사 군
金 쇠 금/성 김	南 남쪽 남	女 여자 녀	年 해 년	大 큰 대
東 동쪽 동	六 여섯 륙	萬 일만 만	母 어머니 모	木 나무 목
門 문 문	民 백성 민	白 흰 백	父 아버지 부	北 북쪽 북
四 넉 사	山 산 산	三 석 삼	生 날 생	西 서쪽 서

제 1 편

한자 익히기

8급 배정한자(DAY 01~20)

001 일월 [日 月]
— 해와 달을 본떠 그린 한자

日 4획

해의 둥근 모양과 해 가운데의 흑점을 본떠서 **해 일**
또 해가 뜨고 짐으로 구분하는 날이니 **날 일**

> **선생님의 한 말씀**
> 해 일, 날 일(日)처럼 둥근 것을 본떠서 만든 한자가 네모인 이유 – 한자가 만들어지던 때는 나무 같은 딱딱한 곳에 딱딱한 도구로 글자를 새겨, 둥글게 새기기가 어려웠기 때문이에요.

★ 日(날 일) 記(기록할 기/기억할 기) — **일기** – '날의 기록'으로, 날마다 그날그날 겪은 일이나 생각, 느낌 따위를 적는 개인의 기록.

★ 來(올 래(내)) 日(해 일/날 일) — **내일** – '오는 날'로, 오늘의 바로 다음 날.

순서에 맞게 한자를 써 보아요!

月 4획

초승달(☽)을 본떠서 **달 월**
또 고기 육(肉)의 변형으로 보아서,
고기 육(肉)이 부수로 쓰일 때의 모양으로 **육 달 월**

> **선생님의 한 말씀**
> 달은 초승달의 모양을 본떠서 '달 월(月)'이지요. 또 고기 육(肉)이 글자의 왼쪽에 붙는 부수인 변으로 쓰일 때는 '달 월'과 구분하여 '육 달 월'이라 부릅니다.

日(해 일/날 일) 月(달 월) — **일월** – 일월(해와 달)

★ 月(달 월) 色(빛 색) — **월색** – '달빛'으로, 달에서 비쳐 오는 빛.

순서에 맞게 한자를 써 보아요!

002 화수[火水]
– 불과 물을 본떠 그린 한자

🎧 002 한자 듣기

火 4획

타오르는 불을 본떠서 **불 화**

+ 반 水(물 수)
+ 반 – 뜻이 반대인 한자

💬 **선생님의 한 말씀**
불 화(火)가 4획이니, 글자의 아래에 붙는 부수인 발로 쓰일 때도 점 네 개를 찍어 '불 화 발(灬)'이라고 부릅니다.

活	火	山
살 활	불 화	산 산

활화산 – '살아 있는 화산'으로, 지금도 화산 활동을 계속하고 있는 화산.

★
火	力
불 화	힘 력

화력 – 불의 힘.

순서에 맞게 한자를 써 보아요!

火							

水 4획

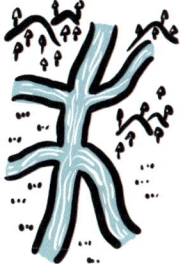

잠겨 있는 물에 물결이 이는 모양을 본떠서 **물 수**

💬 **선생님의 한 말씀**
물 수(水)가 글자의 왼쪽에 붙는 부수인 변으로 쓰일 때는 氵 모양으로 점이 셋이니 '삼 수 변', 글자의 아래에 붙는 부수인 발로 쓰일 때는 氺 모양으로 '물 수 발'이라 부릅니다.

★
食	水
밥 식 / 먹을 식	물 수

식수 – 먹는 물.

★
水	草
물 수	풀 초

수초 – 물속에서 자라는 풀. 물풀.

순서에 맞게 한자를 써 보아요!

水							

실력 체크 퀴즈 (001~002)

점수 ___ /9

1. 다음 한자의 훈(뜻)과 음을 바르게 연결하세요.

01. 月 · · 달 · · 수
02. 水 · · 물 · · 일
03. 日 · · 날 · · 월

2. 다음 문장의 ( ) 안에 있는 한자의 독음을 쓰세요.

04. 이번 주 (水)영 수업은 언제야? ☐

05. (月)요일이라고 들었어! ☐

06. 안내문을 보니까 (火)요일이 맞는 것 같아. ☐

3. 다음 밑줄 친 말에 해당하는 한자를 〈보기〉에서 찾아 그 번호를 쓰세요.

보기
① 火　② 日　③ 一　④ 水　⑤ 月　⑥ 山

07. 민서는 <u>불</u>같은 성격이다. ☐

08. 오늘 밤에는 보름<u>달</u>이 뜬다고 한다. ☐

09. 아무리 공부해도 다음 <u>날</u>이면 다 까먹는다. ☐

정답
01. 달, 월　02. 물, 수　03. 날, 일　04. 수　05. 월　06. 화　07. ①　08. ⑤　09. ②

학습 날짜　　月　　日　　학습 완료 체크　본인　｜　부모님

003　산목[山木]
― 산과 나무를 본떠 그린 한자

🎧 003 한자 듣기

8급

山　3획

높고 낮은 산봉우리(⛰)를 본떠서 **산 산, 뫼 산**

+ 뫼 – 산의 옛말.

★ | 山 (산 산) | 林 (수풀 림) | 산림 – 산과 숲. 또는 산에 있는 숲.
★ | 江 (강 강) | 山 (산 산) | 강산 – 강과 산. 자연의 경치.
★ | 登 (오를 등) | 山 (산 산) | 등산 – 산에 오름.

순서에 맞게 한자를 써 보아요!

8급

木　4획

가지 달린 나무를 본떠서 **나무 목**

| 草 (풀 초) | 木 (나무 목) | 초목 – 풀과 나무를 함께 이르는 말.
★ | 植 (심을 식) | 木 (나무 목) | 식목 – 나무를 심음.

순서에 맞게 한자를 써 보아요!

Day 02

제1편 한자 익히기 | 5

| 학습 날짜 | 月 日 | 학습 완료 체크 | 본인 | 부모님 |

004 인대[人大]
– 人으로 된 한자

🎧 004 한자 듣기

人 2획 [8급]

다리 벌리고 서 있는 사람을 본떠서 **사람 인**

> 👨‍🏫 **선생님의 한 말씀**
> 글자의 변으로 쓰일 때는 '사람 인 변(亻)', 글자의 발로 쓰일 때는 '사람 인 발(儿)'입니다.

★ | 老 (늙을 로(노)) | 人 (사람 인) | 노인 – (나이 들어) 늙은 사람.

★ | 主 (주인 주) | 人 (사람 인) | 주인 – 대상이나 물건 따위를 소유한 사람.

순서에 맞게 한자를 써 보아요!

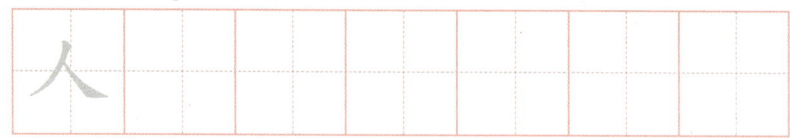

大 3획 [8급]

양팔 벌려(一) 사람(人)이 큼을 나타내서 **큰 대**
+ 맨 小(작을 소)
+ 一 ('한 일'이지만 여기서는 양팔 벌린 모양으로 봄)

| 重 (무거울 중, 귀중할 중, 거듭 중) | 大 (큰 대) | 중대 – (매우) 귀중하고 큼.

★ | 大 (큰 대) | 門 (문 문) | 대문 – 큰 문. 주로, 한 집의 주가 되는 출입문.

순서에 맞게 한자를 써 보아요!

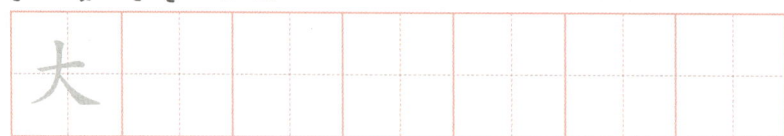

실력 체크 퀴즈 (003~004)

점수 /9

1. 다음 한자의 훈(뜻)과 음을 바르게 연결하세요.

01. 木 ·   · 사람 ·   · 대

02. 大 ·   · 큰 ·   · 인

03. 人 ·   · 나무 ·   · 목

2. 다음 문장의 ( ) 안에 있는 한자의 독음을 쓰세요.

04. (大)학교 뒤편에 있는 공원에서 보자.

05. (山)을 오를 때는 늘 조심해야 한다.

06. 옆집에 사는 (木)수 아저씨를 만났다.

3. 다음 밑줄 친 말에 해당하는 한자를 〈보기〉에서 찾아 그 번호를 쓰세요.

- 보기 -
〈보기〉 ① 山 ② 四 ③ 人 ④ 中 ⑤ 大 ⑥ 木

07. 저 <u>나무</u> 이름이 뭔지 알아?

08. 도서관에서는 <u>사람</u>들이 조용히 공부한다.

09. 집에 <u>큰</u> 벌레가 나와서 깜짝 놀랐다.

정답
01. 나무, 목 02. 큰, 대 03. 사람, 인 04. 대 05. 산 06. 목 07. ⑥ 08. ③ 09. ⑤

005 토금[土金]
― 土로 된 한자

005 한자 듣기

8급

土 3획

많이(十) 땅(一)에 있는 흙이니 **흙 토**

+ 十('열 십, 많을 십'), 一('한 일'이지만 여기서는 땅으로 봄)

★ | 土 | 地 |
| :---: | :---: |
| 흙 토 | 땅 지 |

토지 – ① 땅. 흙.
② 사람이 생활에 이용하는 땅.

★ | 國 | 土 |
| :---: | :---: |
| 나라 국 | 흙 토 |

국토 – 나라의 땅. 한 나라의 통치권이 미치는 지역.

순서에 맞게 한자를 써 보아요!

土								

8급

金 8획

덮여 있는(人) 한(一)곳의 흙(土)에 반짝반짝(、、) 빛나는 쇠나 금이니 **쇠 금, 금 금**

또 금처럼 귀한 돈이니 **돈 금, 성씨 김**

+ 人('사람 인'이지만 여기서는 덮여 있는 모양으로 봄), 、('점 주, 불똥 주'이지만 여기서는 반짝반짝 빛나는 모양으로 봄), 土(흙 토)

★ | 金 | 色 |
| :---: | :---: |
| 금 금 | 빛 색 |

금색 – 황금과 같이 광택이 나는 누런색.

★ | 入 | 金 |
| :---: | :---: |
| 들 입 | 돈 금 |

입금 – 돈을 들여놓거나 넣음. 또는 그 돈.

순서에 맞게 한자를 써 보아요!

金								

006 구 중 [口 中]
— 口와 中

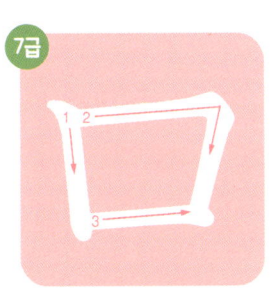

口 3획

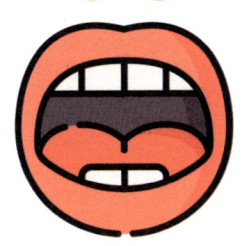

입이나 구멍을 본떠서 **입 구, 구멍 구**
또 입으로 말하니 **말할 구**

丨 4획

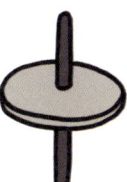

사물(口)의 가운데를 뚫어(丨) 맞히니 **가운데 중, 맞힐 중**

+ 口[입 구, 구멍 구, 말할 구(口)의 변형이지만 여기서는 사물의 모양으로 봄]

★ 中(가운데 중) 間(사이 간)

★ 命(명령할 명, 목숨 명, 운명 명, 목표물 명) 中(가운데 중, 맞힐 중)

중간 – ① 두 사물의 사이.
② 등급, 차례, 크기 등의 가운데.
③ 공간이나 시간 등의 가운데.

명중 – 화살이나 총알 따위가 겨냥한 곳에 바로 맞음.

순서에 맞게 한자를 써 보아요!

실력 체크 퀴즈 (005~006)

점수 /9

1. 다음 한자의 훈(뜻)과 음을 바르게 연결하세요.

01. 金 ·　　　· 가운데 ·　　　· 금

02. 中 ·　　　· 흙 ·　　　· 중

03. 土 ·　　　· 쇠 ·　　　· 토

2. 다음 문장의 ( ) 안에 있는 한자의 독음을 쓰세요.

04. 그림 (中)간에 이상한 얼룩이 묻어 있네.　☐

05. (金)색 크레파스 좀 빌려줄 수 있어?　☐

06. 놀이공원 입(口)를 그려보는 건 어때?　☐

3. 다음 밑줄 친 말에 해당하는 한자를 〈보기〉에서 찾아 그 번호를 쓰세요.

· 보기 ·
　　　① 月　② 口　③ 土　④ 國　⑤ 中　⑥ 弟

07. 바다 **가운데** 배가 떠 있다.　☐

08. 손에 묻은 **흙**을 털고 일어났다.　☐

09. 치과에서는 **입**을 크게 벌려야 한다.　☐

정답

01. 쇠, 금　02. 가운데, 중　03. 흙, 토　04. 중　05. 금　06. 구　07. ⑤　08. ③　09. ②

007 인형[儿兄]
― 儿으로 된 한자

부수자

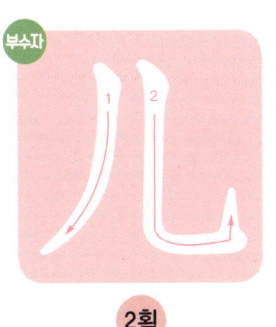

2획

사람 인(人)이 글자의 발로 쓰일 때의 모양으로 **사람 인** 발

> 🧑‍🏫 **선생님의 한 말씀**
> '발'은 글자의 발 부분에 붙는 부수 이름이기에, 제목은 儿의 원래 글자인 사람 인(人)의 독음인 '인'으로 달았습니다.

8급

人(儿) 5획

동생을 말하며(口) 지도하는 사람(儿)이 형이고 어른이니

형 형, 어른 형

+ 맨 弟(아우 제, 제자 제)
+ 口(입 구, 구멍 구, 말할 구)

★  형부 – 언니의 남편. ↔ 弟夫(제부)

★ 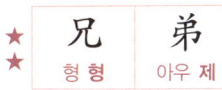 형제 – 형과 아우.

순서에 맞게 한자를 써 보아요!

| 학습 날짜 | 月 日 | 학습 완료 체크 | 본인 | 부모님 |

008 일이삼 [一 二 三]
– 나무토막으로 나타낸 숫자

🎧 008 한자 듣기

8급

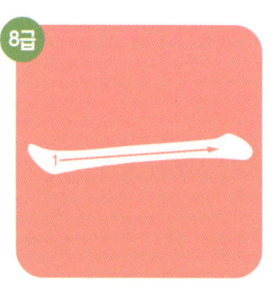

一 1획

나무토막 하나를 옆으로 놓은 모양에서 **한 일**

★ | 一 한 일 | 同 한가지 동 / 같을 동 | **일동** – '하나 같음'으로, 어떤 단체나 모임의 모든 사람.

★ | 同 같을 동 | 一 한 일 | **동일** – (어떤 것과 비교하여) 똑같음.

순서에 맞게 한자를 써 보아요!

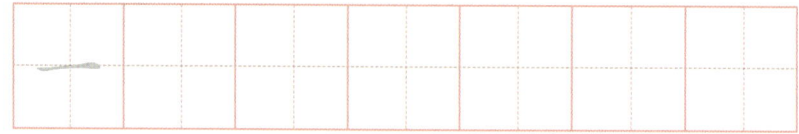

8급

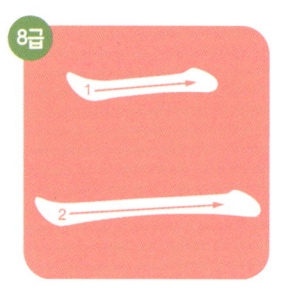

二 2획

나무토막 두 개를 옆으로 놓은 모양에서 **둘 이**

★ | 二 둘 이 | 重 거듭 중 | **이중** – 두 겹. 또는 두 번 거듭되거나 겹침.

★ | 二 둘 이 | 日 날 일 | **이일** – ① 두 날. (= 이틀) ② 그달의 둘째 날.

순서에 맞게 한자를 써 보아요!

8급

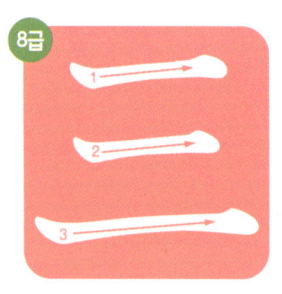

一 3획

나무토막 세 개를 옆으로 놓은 모양에서 **석 삼**

★ | 三 석 삼 | 南 남쪽 남 | **삼남** – 남쪽의 충청도·전라도·경상도를 함께 이르는 말.

★ | 三 석 삼 | 面 얼굴 면 / 향할 면 / 볼 면 | **삼면** – 세 방면.

순서에 맞게 한자를 써 보아요!

실력 체크 퀴즈 (007~008)

점수   /9

1. 다음 한자의 훈(뜻)과 음을 바르게 연결하세요.

01. 二 ·   · 둘 ·   · 형

02. 兄 ·   · 석 ·   · 삼

03. 三 ·   · 형 ·   · 이

2. 다음 문장의 (   ) 안에 있는 한자의 독음을 쓰세요.

04. 우리 (兄)은 아침 8시에 등교한다. ☐

05. 누나는 (二)학년 4반이고, ☐

06. 나는 (一)학년 5반이다. ☐

3. 다음 밑줄 친 말에 해당하는 한자를 〈보기〉에서 찾아 그 번호를 쓰세요.

• 보기 •
① 三   ② 口   ③ 一   ④ 日   ⑤ 小   ⑥ 兄

07. <u>삼</u>촌은 중학교 선생님이다. ☐

08. 우리 <u>형</u>제는 우애가 깊다. ☐

09. 전에 쓰던 것과 동<u>일</u>한 연필을 샀다. ☐

정답
01. 둘, 이 02. 형, 형 03. 석, 삼 04. 형 05. 이 06. 일 07. ① 08. ⑥ 09. ③

009 사오 [四五]
— 숫자

🎧 009 한자 듣기

8급

□ 5획

에워싼(口) 부분을 사방으로 나누어(八) **넉 사**

+ 口(에운담), 八(여덟 팔, 나눌 팔)

★ | 四 | 方 |
| 넉 사 | 모 방
방향 방
방법 방 |

사방 – (동, 서, 남, 북) 네 방위.

★ | 四 | 寸 |
| 넉 사 | 마디 촌 |

사촌 – '네 마디'로, 부모의 형제자매의 자녀끼리의 촌수.

순서에 맞게 한자를 써 보아요!

| 四 | | | | | | | |

8급

二 4획

열(十)을 둘(二)로 나눈(丨) 다섯이니 **다섯 오**

+ 十(열 십, 많을 십), 丨('뚫을 곤'이지만 여기서는 나누는 모양으로 봄)

> **선생님의 한 말씀**
> 대부분 글자는 어원으로 익히면 더 쉽게 익혀지지만,
> 五처럼 오히려 어원이 어려운 글자는 그냥 글자대로 익히셔도 됩니다.

★ | 五 | 月 |
| 다섯 오 | 달 월 |

오월 – 한 해 가운데 다섯째 달.

★ | 五 | 色 |
| 다섯 오 | 빛 색 |

오색 – ① 다섯 가지의 빛깔. 파랑, 노랑, 빨강, 하양, 검정.
② 여러 가지 빛깔.

순서에 맞게 한자를 써 보아요!

| 五 | | | | | | | |

010 두 륙(육)칠 [亠 六七]
— 亠와 숫자

부수자

2획

옛날 갓을 쓸 때 상투를 튼 머리 부분을 본떠서
머리 부분 두

8급

八 4획

머리(亠)를 중심으로 나눠지는(八) 방향이 동서남북 상하의 여섯이니
여섯 륙(육)

+ 亠(머리 부분 두), 八(여덟 팔, 나눌 팔)

★ | 六 여섯 륙(육) | 月 달 월 | 유월 – 한 해 열두 달 가운데 여섯째 달.
★ | 六 여섯 륙(육) | 年 해 년 | 육년 – 여섯 해.

순서에 맞게 한자를 써 보아요!

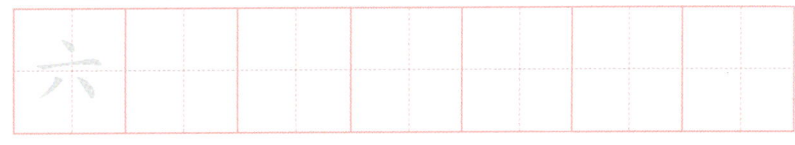

8급

一 2획

하늘(一)의 북두칠성 모양(乚)을 본떠서 **일곱 칠**

+ 一('한 일'이지만 여기서는 하늘로 봄)

| 七 일곱 칠 | 十 열 십 | **칠십** – 십의 일곱 배가 되는 수. 일흔.
★★ | 七 일곱 칠 | 夕 저녁 석 | **칠석** – 음력 칠월 초이렛날의 저녁. (은하의 서쪽에 있는 직녀와 동쪽에 있는 견우가 오작교에서 일 년에 한 번 만난다는 전설이 있음)

순서에 맞게 한자를 써 보아요!

제1편 한자 익히기 | 15

실력체크 퀴즈 (009~010)

Day 05

점수 　　 /9

1. 다음 한자의 훈(뜻)과 음을 바르게 연결하세요.

01. 七 ·　　　　· 다섯 ·　　　　· 칠

02. 五 ·　　　　· 일곱 ·　　　　· 사

03. 四 ·　　　　· 넉 ·　　　　· 오

2. 다음 문장의 ( ) 안에 있는 한자의 독음을 쓰세요.

04. 내 (四)촌 동생 이름은 윤희다. ☐

05. (五)월 5일은 어린이날이야. ☐

06. (七)월은 31일까지 있지. ☐

3. 다음 밑줄 친 말에 해당하는 한자를 〈보기〉에서 찾아 그 번호를 쓰세요.

- 보기 -
① 小　② 六　③ 五　④ 火　⑤ 七　⑥ 四

07. 언니는 아이스크림 **다섯** 개를 먹고 배탈이 났다. ☐

08. 할머니 댁에 가기 위해 아침 **여섯** 시에 일어났다. ☐

09. **네** 명이서 피자 한 판을 먹었다. ☐

정답

01. 일곱, 칠　02. 다섯, 오　03. 넉, 사　04. 사　05. 오　06. 칠　07. ③　08. ②　09. ⑥

중간 점검 퀴즈 (001~010)

점수　　　/12

1. 다음 한자의 훈을 〈보기〉에서 찾아 그 번호를 쓰세요.

　　보기
　　① 다섯　② 일곱　③ 날　④ 불

01. 日 □　　03. 五 □
02. 七 □　　04. 火 □

2. 다음 한자의 음을 〈보기〉에서 찾아 그 번호를 쓰세요.

　　보기
　　① 월　② 사　③ 토　④ 인

05. 人 □　　07. 四 □
06. 月 □　　08. 土 □

3. 다음 한자의 진하게 표시한 획은 몇 번째 쓰는지 숫자로 쓰세요.

09. 火 □　　11. 兄 □
10. 金 □　　12. 中 □

정답
01. ③　02. ②　03. ①　04. ④　05. ④　06. ①　07. ②　08. ③　09. 2　10. 8　11. 4　12. 4

| 학습 날짜 | 月 日 | 학습 완료 체크 | 본인 | 부모님 |

011 팔소 [八小]
- 八로 된 한자

 011 한자 듣기

八 2획 (8급)

두 손을 네 손가락씩 위로 편() 모양에서 **여덟 팔**

또 양쪽으로 잡아당겨 나누는 모양으로도 보아 **나눌 팔**

★ | 八 여덟 팔 | 十 열 십 | 팔십 – 십의 여덟 배가 되는 수.

★ | 八 여덟 팔 | 寸 마디 촌 | 팔촌 – 부모의 육촌의 자녀끼리의 촌수.

순서에 맞게 한자를 써 보아요!

小 3획 (8급)

하나(ㅣ)를 나누어(八) 작으니 **작을 소**

+ 반 大(큰 대)
+ ㅣ ('갈고리 궐'이지만 여기서는 하나로 봄), 八(여덟 팔, 나눌 팔)

> **선생님의 한 말씀**
> 작을 소(小)는 작다는 뜻 외에 소인(小人), 소자(小子)처럼 자신을 낮추어 말할 때도 쓰입니다.

| 小 작을 소 | 數 셀 수 / 두어 수 / 자주 삭 / 운수 수 | 소수 – 일(一)의 자리보다 작은 자리의 값을 가진 수.

| 小 작을 소 | 人 사람 인 | 소인 – ① (나이가) 어린 사람.
② (키나 몸집 등이) 작은 사람.

순서에 맞게 한자를 써 보아요!

012 구십[九十]
– 숫자

8급
乙 2획

열 십, 많을 십(十)의 가로줄을 구부려 하나가 모자란 아홉이라는 데서 **아홉 구**

또 아홉은 한 자리 숫자 중에서 제일 크고 많으니 **클 구, 많을 구**

★ | 九 아홉 구 클 구 많을 구 | 重 무거울 중 귀중할 중 거듭 중 | 구중 – ① '많이 거듭'으로, 여러 겹이나 층을 이르는 말. ② 겹겹이 문으로 막은 깊은 궁궐이라는 뜻으로, 임금이 있는 대궐 안을 이르는 말.

★ | 九 아홉 구 클 구 많을 구 | 萬 일만 만 많을 만 | 里 마을 리 거리 리 | 구만리 – 아득하게 먼 거리를 비유적으로 이르는 말.

순서에 맞게 한자를 써 보아요!

8급
十 2획

일(一)에 하나(丨)를 그어 한 묶음인 열(🏛)을 나타내어 **열 십**

또 전체를 열로 보아 열이면 많다는 데서 **많을 십**

★ | 數 셀 수 두어 수 자주 삭 운수 수 | 十 열 십 | 수십 – 십의 여러 배가 되는 수.

★ | 十 열 십 많을 십 | 萬 일만 만 많을 만 | 십만 – 만의 열 배가 되는 수.

순서에 맞게 한자를 써 보아요!

Day 06

실력 체크 퀴즈 (011~012)

점수 　　/9

1. 다음 한자의 훈(뜻)과 음을 바르게 연결하세요.

01. 十 ·　　　· 여덟 ·　　　· 소

02. 小 ·　　　· 작을 ·　　　· 십

03. 八 ·　　　· 열 ·　　　· 팔

2. 다음 문장의 ( ) 안에 있는 한자의 독음을 쓰세요.

04. 그 가수가 올해 (九)월에 결혼한다는 소문이 있어. ☐

05. (八)촌 누나는 저녁을 먹고 돌아갔다. ☐

06. (十) 년 전에 본 것이 마지막이다. ☐

3. 다음 밑줄 친 말에 해당하는 한자를 <보기>에서 찾아 그 번호를 쓰세요.

보기
① 日　② 十　③ 水　④ 九　⑤ 一　⑥ 小

07. 그 망치는 망치질을 하기에는 너무 **작은** 것 같구나. ☐

08. 꼬리가 **아홉** 개 달린 여우를 구미호라고 한다. ☐

09. 나는 매일 밤 **열** 시에 자러 간다. ☐

정답

01. 열, 십　02. 작을, 소　03. 여덟, 팔　04. 구　05. 팔　06. 십　07. ⑥　08. ④　09. ②

학습 날짜 月 日 **학습 완료 체크** 본인 | 부모님

013 백백[白百]
— 白으로 된 한자

🎧 013 한자 듣기

8급

白 5획

빛나는(丿) 해(日)처럼 희고 밝으니 **흰 백, 밝을 백**

또 흰색처럼 깨끗하니 **깨끗할 백**

또 깨끗하게 분명히 아뢰니 **아뢸 백**

+ 아뢰다 – '알리다'의 높임말.
+ 丿('삐침 별'이지만, 여기서는 빛나는 모양으로 봄), 日(해 일, 날 일)

★ | 白 | 色 |
    |흰 백|빛 색|

백색 – 흰색.

★ | 自 | 白 |
    |자기 자 / 스스로 자 / 부터 자|아뢸 백|

자백 – 자기가 저지른 죄나 자기의 허물을 남들 앞에서 스스로 고백함.

순서에 맞게 한자를 써 보아요!

| 白 | | | | | | | |

7급

白 6획

하나(一)에서 시작하여 아뢰듯(白) 소리치는 단위는 일백이니 **일백 백**

또 일백이면 많으니 **많을 백**

+ 물건을 셀 때 속으로 세다가도 큰 단위에서는 소리침을 생각하고 만든 한자.

Day 07

제1편 한자 익히기 | 21

014 사 경유 [厶 冂内]
– 厶와 冂으로 된 한자

🎧 014 한자 듣기

2획

팔 굽혀 사사로이 나에게 끌어당기는 모양에서
사사로울 사, 나 사

> **선생님의 한 말씀**
> 지금은 부수로만 쓰이고 '사사롭다'라는 뜻의 한자로는 '사사로울 사(私)'를 씁니다.

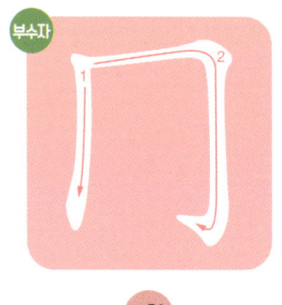

2획

멀리 떨어져 윤곽만 보이는 성이니 **멀 경, 성 경**

> **선생님의 한 말씀**
> 좌우 두 획은 성의 기둥이고, 가로획은 성의 지붕을 그린 것이지요.

5획

성(冂)처럼 사사로이(厶) 남긴 발자국이니 **발자국 유**

+ 厶(사사로울 사, 나 사)

실력 체크 퀴즈 (013~014)

점수 /6

1. 다음 한자의 훈(뜻)과 음을 바르게 연결하세요.

01. 百 · · 흰 · · 백

02. 白 · · 일백 · · 백

2. 다음 문장의 ( ) 안에 있는 한자의 독음을 쓰세요.

03. 여기 있는 (百) 명이 모두 동의해야 합니다.

04. 부모님의 웃는 모습이 흑(白) 사진 속에 담겼다.

3. 다음 밑줄 친 말에 해당하는 한자를 〈보기〉에서 찾아 그 번호를 쓰세요.

- 보기 -
① 日 ② 白 ③ 月 ④ 百

05. 바나나는 껍질은 노랗지만 속은 <u>하얀</u>색이다.

06. 빵은 <u>백</u> 개도 먹을 수 있을 것 같다.

정답
01. 일백, 백 02. 흰, 백 03. 백 04. 백 05. ② 06. ④

015 우만[禺 萬]
- 禺로 된 한자

内 9획

밭(田)에 기른 농작물을 발자국(内) 남기며 훔쳐 먹는 원숭이니 **원숭이 우**

+ 田(밭 전), 内(발자국 유)
+ 한자가 만들어진 중국에는 원숭이가 많답니다.

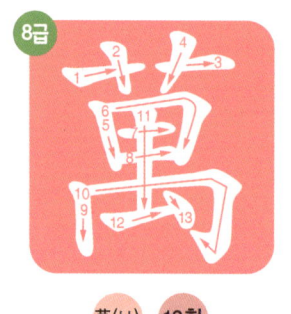

草(艹) 13획

풀(艹)밭에는 원숭이(禺)도 많으니 **많을 만**
또 많은 숫자인 일만이니 **일만 만**

★ 萬(많을 만) 物(물건 물) 만물 – 세상에 있는 많은(모든) 것.

★ 萬(많을 만) 事(일 사, 섬길 사) 만사 – 여러 가지 많은(온갖) 일.

순서에 맞게 한자를 써 보아요!

萬								

016

지실[至室]
– 至로 된 한자

🎧 016 한자 듣기

至 6획 (4급II)

하나(一)의 사사로운(厶) 땅(土)에 이르니 **이를 지**

또 이르러(至) 보살핌이 지극하니 **지극할 지**

+ 一(한 일), 厶(사사로울 사, 나 사), 土(흙 토)

宀 9획 (8급)

지붕(宀) 아래 이르러(至) 쉬는 집이나 방이니 **집 실, 방 실**

또 주로 집에서 살림하는 아내도 가리켜서 **아내 실**

★ 室(집 실) 內(안 내) 실내 – 집이나 건물 따위의 안.

★ 室(집 실) 外(밖 외) 실외 – 집이나 건물 따위의 밖.

순서에 맞게 한자를 써 보아요!

室								

실력 체크 퀴즈 (015~016)

점수 /9

1. 다음 한자의 훈(뜻)과 음을 바르게 연결하세요.

01. 至 ·　　　　· 이를 ·　　　　· 실

02. 室 ·　　　　· 집 ·　　　　· 만

03. 萬 ·　　　　· 일만 ·　　　　· 지

2. 다음 문장의 ( ) 안에 있는 한자의 독음을 쓰세요.

04. (至)독한 감기에 걸렸다.　☐

05. 주말에는 (萬)사가 귀찮게 느껴진다.　☐

06. 얼른 (室)내로 들어가서 몸을 녹여야겠다.　☐

3. 다음 밑줄 친 말에 해당하는 한자를 〈보기〉에서 찾아 그 번호를 쓰세요.

> 보기
> ① 至　② 外　③ 室　④ 萬　⑤ 禺　⑥ 一

07. 시험 응시자가 **만** 명이라니!　☐

08. 언제 도착하나 싶었지만 벌써 문 앞에 **이르렀다**.　☐

09. 동생은 **방** 안에서 열심히 공부 중이다.　☐

정답

01. 이를, 지　02. 집, 실　03. 일만, 만　04. 지　05. 만　06. 실　07. ④　08. ①　09. ③

017 동 서 [東 西]
– 東과 西

017 한자 듣기

木 8획

8급

나무(木) 사이로 해(日)가 떠오르는 동쪽이니 **동쪽 동**

또 옛날에 동쪽에 앉았던 주인이니 **주인 동**

+ 땐 西(서쪽 서)
+ 木(나무 목), 日(해 일, 날 일)

> 🧑‍🏫 **선생님의 한 말씀**
> 옛날에는 신분에 따라 앉는 방향이 달라서 임금은 북쪽, 신하는 남쪽, 주인은 동쪽, 손님은 서쪽에 자리하고 앉았답니다.

★  동방 – ① 동쪽. 동녘.
　　　　　　　　　② 동쪽 지방.

★  동해 – 동쪽에 있는 바다.

순서에 맞게 한자를 써 보아요!

襾 6획

8급

지평선(一) 아래(口)로 해가 들어가는(儿) 서쪽이니 **서쪽 서**

+ 땐 東(동쪽 동, 주인 동)
+ 부수는 襾(덮을 아)네요.
+ 口[에운담, 나라 국(囗)의 변형이지만, 여기서는 지평선 아래 땅으로 봄], 儿('사람 인 발'이지만 여기서는 들어가는 모양으로 봄)

★  서산 – 서쪽에 있는 산.

순서에 맞게 한자를 써 보아요!

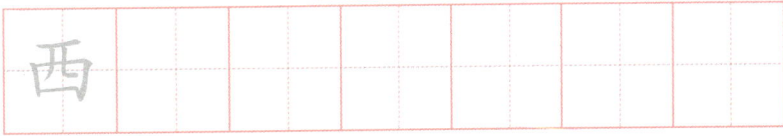

018 남 북 [南 北]
– 南과 北

018 한자 듣기

十 9획

많은(十) 성(冂)마다 양쪽(丷)으로 열리는 방패(干) 같은 문이 있는 남쪽이니 **남쪽 남**

+ 맨 北(북쪽 북)
+ 十(열 십, 많을 십), 冂(멀 경, 성 경), 干(방패 간, 범할 간, 얼마 간, 마를 간)

> **선생님의 한 말씀**
> 우리가 사는 북반구에서는 남쪽이 밝고 따뜻하니, 대부분의 집이나 성은 남향으로 짓고 문도 남쪽에 있지요.

★ 南(남쪽 남) 韓(한국 한) 남한 – 남북으로 분단된 대한민국의 휴전선 남쪽 지역을 가리키는 말.

★ 南(남쪽 남) 海(바다 해) 남해 – 남쪽에 있는 바다.

순서에 맞게 한자를 써 보아요!

南 | | | | | | | |

匕 5획

두 사람이 등지고 달아나는 모양에서 **등질 배, 달아날 배**

또 항상 남쪽을 향하여 앉았던 임금의 등진 북쪽이니 **북쪽 북**

+ 맨 南(남쪽 남)

> **선생님의 한 말씀**
> 임금은 어느 장소에서나 남쪽을 향하여 앉았으니, 항상 남쪽을 향하여 앉는 임금의 등진 쪽이라는 데서 '북쪽 북'이라는 뜻이 붙게 되었지요.

★ 北(북쪽 북) 韓(한국 한) 북한 – 남북으로 분단된 대한민국의 휴전선 북쪽 지역을 가리키는 말.

★ 江(강 강) 北(북쪽 북) 강북 – ① 강의 북쪽 지역.
② 한강 이북 지역.

순서에 맞게 한자를 써 보아요!

北 | | | | | | | |

실력 체크 퀴즈 (017~018)

점수   /9

1. 다음 한자의 훈(뜻)과 음을 바르게 연결하세요.

01. 南 ·   · 서쪽 ·   · 서
02. 西 ·   · 동쪽 ·   · 동
03. 東 ·   · 남쪽 ·   · 남

2. 다음 문장의 ( ) 안에 있는 한자의 독음을 쓰세요.

04. 대한민국의 (東)쪽 끝은 독도, ☐

05. (西)쪽 끝은 백령도, ☐

06. (南)쪽 끝은 마라도입니다. ☐

3. 다음 밑줄 친 말에 해당하는 한자를 〈보기〉에서 찾아 그 번호를 쓰세요.

• 보기 •
① 西   ② 四   ③ 南   ④ 東   ⑤ 土   ⑥ 北

07. 남해에서 수영해 보는 것이 꿈이다. ☐

08. 북한 선수들이 연습하는 모습이 촬영되었다. ☐

09. 우리나라는 옛날부터 동방예의지국이라 불렸다. ☐

정답
01. 남쪽, 남 02. 서쪽, 서 03. 동쪽, 동 04. 동 05. 서 06. 남 07. ③ 08. ⑥ 09. ④

019 문문[門問]
– 門으로 된 한자

🎧 019 한자 듣기

門 8획

좌우 두 개의 문짝 있는 문을 본떠서 **문 문**

+ 한 짝으로 된 문을 본떠서는 '문 호, 집 호(戶)'

★ | 大 큰 대 | 門 문 문 | 대문 – 큰 문. 집의 정문. 본문(本門).

★ | 正 바를 정 | 門 문 문 | 정문 – ① 건물의 정면에 있는 주로 드나드는 문.
② 대궐이나 관아의 삼 문 중 가운데 문.

순서에 맞게 한자를 써 보아요!

門								

問

口 11획

문(門) 앞에서 말하여(口) 물으니 **물을 문**

+ 口(입 구, 구멍 구, 말할 구)
+ 남의 집이거나 어른이 계신 방은 문을 열지 않고 문 앞에서 묻지요.

| 학습 날짜 | 月 日 | 학습 완료 체크 | 본인 | 부모님 |

020 멱 면 [冖 宀]
― 冖과 宀

🎧 020 한자 듣기

부수자

2획

보자기로 덮은 모양을 본떠서 **덮을 멱**

부수자

3획

지붕으로 덮여 있는 집을 본떠서 **집 면**

> 👨‍🏫 **선생님의 한 말씀**
> 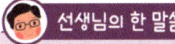과 宀은 비슷한 부수자라 함께 설명했어요.
> 비슷한 한자를 분명하게 구분하는 것도 실력이지요.

Day 10

제1편 한자 익히기 | 31

실력 체크 퀴즈 (019~020)

Day 10

점수 　　/6

1. 다음 한자의 훈(뜻)과 음을 바르게 연결하세요.

01. 門 ·　　　　　· 물을 ·　　　　　· 문

02. 問 ·　　　　　· 문 ·　　　　　· 문

2. 다음 문장의 ( ) 안에 있는 한자의 독음을 쓰세요.

03. 예은이는 수업 시간 내내 질(問)을 멈추지 않았다. ☐

04. 현수는 수업이 끝나자 뒷(門)으로 빠르게 뛰쳐나갔다. ☐

3. 다음 밑줄 친 말에 해당하는 한자를 〈보기〉에서 찾아 그 번호를 쓰세요.

- 보기 -
① 閉　　② 門　　③ 間　　④ 問

05. 우리 학교 체육관과 정<u>문</u> 사이의 거리는 아주 멀다. ☐

06. 오랜만에 만난 사촌 동생에게 안부를 <u>물었다</u>. ☐

01. 문, 문　02. 물을, 문　03. 문　04. 문　05. ②　06. ④

중간 점검 퀴즈 (011~020)

점수　　　/12

1. 다음 한자의 훈을 〈보기〉에서 찾아 그 번호를 쓰세요.

• 보기 •
① 일만　② 남쪽　③ 여덟　④ 아홉

01. 九 ☐　　03. 萬 ☐
02. 南 ☐　　04. 八 ☐

2. 다음 한자의 음을 〈보기〉에서 찾아 그 번호를 쓰세요.

• 보기 •
① 백　② 서　③ 십　④ 소

05. 十 ☐　　07. 小 ☐
06. 西 ☐　　08. 白 ☐

3. 다음 한자의 진하게 표시한 획은 몇 번째 쓰는지 숫자로 쓰세요.

09. 萬 ☐　　11. 九 ☐
10. 白 ☐　　12. 小 ☐

정답
01. ④　02. ②　03. ①　04. ③　05. ③　06. ②　07. ④　08. ①　09. 12　10. 4　11. 1　12. 3

021 거(차)군 [車軍]
- 車로 된 한자

🎧 021 한자 듣기

車 7획

수레 모양을 본떠서 **수레 거**

또 수레처럼 물건이나 사람을 실어 옮기는 차니 **차 차**

+ 曰은 수레의 몸통, ㅣ은 세로축, 一과 一은 앞뒤 축과 바퀴.

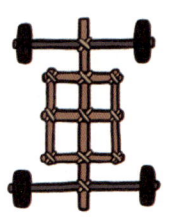

車 9획

덮어서(冖) 차(車)까지 위장한 군사니 **군사 군**

+ 冖(덮을 멱)

★ 海軍 해군 – 바다를 지키는 군대.
  바다 해 / 군사 군

★ 軍歌 군가 – 군인들이 부르는 노래.
  군사 군 / 노래 가

순서에 맞게 한자를 써 보아요!

022

왕주[王主]
― 王으로 된 한자

022 한자 듣기

Day 11

王(玉) 4획

하늘(一) 땅(一) 사람(一)의 뜻을 두루 꿰뚫어(丨) 보아야 했던 임금이니 **임금 왕**

또 임금처럼 그 분야에서 으뜸이니 **으뜸 왕**

또 구슬 옥(玉)이 부수로 쓰일 때의 모양으로 **구슬 옥 변**

+ 一('한 일'이지만 여기서는 하늘·땅·사람으로 봄), 丨(뚫을 곤)

★ | 王 | 命 |
| :---: | :---: |
| 임금 왕 | 명령할 명
목숨 명
운명 명 |

왕명 – ① 임금의 명령.
　　　② 임금의 목숨.

순서에 맞게 한자를 써 보아요!

王							

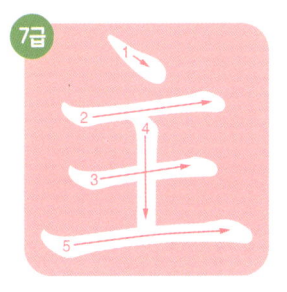

丶 5획

(임금보다 더 책임감을 갖는 분이 주인이니)

점(丶)을 임금 왕(王) 위에 찍어서 **주인 주**

+ 한자에서는 점 주, 불똥 주(丶)나 삐침 별(丿)로 어느 부분이나 무엇을 강조하기도 하지요.

+ 어두운 방을 비춰주는 촛불처럼 봉사하는 사람이 주인이라는 데서 촛불을 본떠서 '주인 주(主)'라고도 하네요.

실력 체크 퀴즈 (021~022)

점수 ☐ /9

1. 다음 한자의 훈(뜻)과 음을 바르게 연결하세요.

01. 王 ·   · 군사 ·   · 주

02. 軍 ·   · 주인 ·   · 군

03. 主 ·   · 임금 ·   · 왕

2. 다음 문장의 ( ) 안에 있는 한자의 독음을 쓰세요.

04. (軍)인들이 군가를 힘차게 불렀다. ☐

05. 사자는 동물의 (王)이다. ☐

06. 인형의 (主)인을 꼭 찾아주고 싶어. ☐

3. 다음 밑줄 친 말에 해당하는 한자를 〈보기〉에서 찾아 그 번호를 쓰세요.

• 보기 •
① 主   ② 車   ③ 王   ④ 軍   ⑤ 兄   ⑥ 東

07. 길가에 세워 둔 자전거가 **차**도 쪽으로 넘어졌다. ☐

08. **군인**들이 모여 기차표를 사고 있었다. ☐

09. 옛날에는 **임금**의 말을 어겨서는 안 됐다. ☐

정답

01. 임금, 왕 02. 군사, 군 03. 주인, 주 04. 군 05. 왕 06. 주 07. ② 08. ④ 09. ③

023 원(엔)청 [円靑]
– 円으로 된 한자

🎧 023 한자 듣기

특급Ⅱ · 冂 · 4획

성(冂)은 세로(丨)나 가로(一)로 보아도 둥근 둘레니
둥글 원, 둘레 원

또 일본 화폐 단위로도 쓰여 **일본 화폐 단위 엔**

+ 冂(멀 경, 성 경)

Day 12

8급 · 靑 · 8획

주(龶)된 둘레(円)의 색은 푸르니 **푸를 청**

또 푸르면 젊으니 **젊을 청**

+ 龶[주인 주(主)의 변형]

> 🧑‍🏫 **선생님의 한 말씀**
> 푸를 청, 젊을 청(靑)이 들어간 한자는 대부분 '푸르고 맑고 희망이 있고 젊다'는 좋은 의미지요.
> 靑이 들어간 한자를 약자로 쓸 때는 '円' 부분을 '月(달 월, 육 달 월)'로 씁니다.

★
青(푸를 청) 色(빛 색) — 청색 – 푸른 빛.

★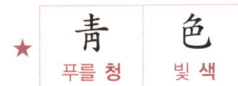
青(젊을 청) 少(적을 소/젊을 소) 年(해 년/나이 년) — 청소년 – 청년과 소년의 총칭으로, 10대의 남녀를 말함.

순서에 맞게 한자를 써 보아요!

024 궁제[弓弟]
- 弓으로 된 한자

3급Ⅱ 弓 / 弓 3획

등이 굽은 활(⌒ → ろ)을 본떠서 **활 궁**

8급 弟 / 弓 7획

머리 땋고(丫) 활(弓)과 화살(丿)을 가지고 노는 아이는 아우나 제자니 **아우 제, 제자 제**

+ 맨 兄(형 형, 어른 형)
+ 丫 – 머리를 땋은 모양, 丿('삐침 별'이지만 여기서는 화살의 모양으로 봄)

★ 弟子
  - 弟 아우 제
  - 子 아들 자, 첫째 지지 자, 자네 자, 접미사 자

제자 – 스승으로부터 가르침을 받거나 받은 사람.

★ 兄弟
  - 兄 형 형, 어른 형
  - 弟 아우 제

형제 – ① 형과 아우를 아울러 이르는 말.
② 형제와 자매, 남매를 통틀어 이르는 말.

순서에 맞게 한자를 써 보아요!

실력체크 퀴즈 (023~024)

점수 /9

1. 다음 한자의 훈(뜻)과 음을 바르게 연결하세요.

01. 靑 ·   ·활·   ·제

02. 弓 ·   ·아우·   ·청

03. 弟 ·   ·푸를·   ·궁

2. 다음 문장의 ( ) 안에 있는 한자의 독음을 쓰세요.

04. 적들은 (弓)수의 화살에 속수무책으로 쓰러졌다. ☐

05. 우리 삼형(弟)는 우애가 좋기로 유명하다. ☐

06. (靑)소년기에는 성장이 무척 빠르다. ☐

3. 다음 밑줄 친 말에 해당하는 한자를 〈보기〉에서 찾아 그 번호를 쓰세요.

- 보기 -
① 円   ② 弓   ③ 色   ④ 東   ⑤ 弟   ⑥ 靑

07. <u>동생</u>은 밤마다 일기를 쓴다. ☐

08. <u>푸른</u> 바다를 보니 마음이 평화로워진다. ☐

09. 주몽은 <u>활</u>쏘기와 말타기에 재능이 있었다. ☐

정답
01. 푸를, 청 02. 활, 궁 03. 아우, 제 04. 궁 05. 제 06. 청 07. ⑤ 08. ⑥ 09. ②

025 복 석외 [卜 夕 外]
— 卜과 夕으로 된 한자

🎧 025 한자 듣기

3급

卜

卜 2획

(옛날에는 거북이 등껍데기를 불태워 갈라진 모양을 보고 점쳤으니) 점치던 거북이 등껍데기(🐢)가 갈라진 모양을 본떠서 **점 복**

> **선생님의 한 말씀**
> 옛날에는 점을 많이 쳐서, 점과 관련된 한자도 많습니다.

7급

夕

夕 3획

초승달(月) 일부가 구름에 가려진 모양을 본떠서 **저녁 석**

> **선생님의 한 말씀**
> 어두워지는 저녁에 보이는 것은 초승달뿐인데 초승달을 본떠서는 이미 달 월(月)을 만들었으니, 초승달 일부가 구름에 가려진 모양으로 '저녁 석(夕)'을 만든 것이죠. 초승달은 초저녁 서쪽 하늘에 잠깐 떴다가 지니까요.

8급

外

夕 5획

저녁(夕)에 점(卜)치러 나가던 밖이니 **밖 외**

+ 夕(저녁 석)
+ 옛날 사람들은 저녁마다 다음날의 운수를 점쳤다네요. 운수를 미리 알고 조심하기 위한 것이지요.

★ 外(밖 외) 出(나갈 출) 외출 – 밖으로 나감. 나들이함.

★ 海(바다 해) 外(밖 외) 해외 – ① 바다의 밖.
② 다른 나라를 이르는 말.

순서에 맞게 한자를 써 보아요!

外

026 예효[乂爻]
- 乂로 된 한자 1

특급Ⅱ / 丿 2획

이리저리 베어 다스리는 모양이 어지니
벨 예, 다스릴 예, 어질 예

1급 / 爻 4획

육효가 서로 엇갈린 점괘를 본떠서 **점괘 효**
또 서로 교차하여 사귀며 좋은 점을 본받으니
사귈 효, 본받을 효

+ 육효(六爻) - 주역(周易)의 괘를 이루는 6개의 가로 그은 획.
+ 주역(周易) - 중국의 점에 관한 책으로, 오경(五經)의 하나.

실력체크 퀴즈 (025~026)

점수　　　/9

1. 다음 한자의 훈(뜻)과 음을 바르게 연결하세요.

01. 外 ·　　　　· 점 ·　　　　· 석

02. 卜 ·　　　　· 밖 ·　　　　· 복

03. 夕 ·　　　　· 저녁 ·　　　　· 외

2. 다음 문장의 (　) 안에 있는 한자의 독음을 쓰세요.

04. 오늘 (夕)식에 고구마맛탕이 나온대!　☐

05. 사촌 동생은 해(外)에서 살다가 와 한국말이 서툴다.　☐

06. 점을 보고 나면 그 값으로 (卜)채를 내야 한다.　☐

3. 다음 밑줄 친 말에 해당하는 한자를 〈보기〉에서 찾아 그 번호를 쓰세요.

〈보기〉
① 卜　② 爻　③ 夕　④ 外　⑤ 北　⑥ 白

07. 창<u>밖</u>을 보니 눈이 펑펑 내리고 있다.　☐

08. <u>점</u>집에 가면 묘하게 긴장된다.　☐

09. 찬우는 <u>저녁</u>마다 줄넘기를 한다.　☐

정답

01. 밖, 외　02. 점, 복　03. 저녁, 석　04. 석　05. 외　06. 복　07. ④　08. ①　09. ③

027 문부[文父]
— 攵로 된 한자 2

7급 · 文 · 4획

머릿(亠)속의 생각을 다스려(乂) 무늬처럼 써 놓은 글월이니

무늬 문, 글월 문

+ 글월 – 글이나 문장.
+ 亠(머리 부분 두), 乂(벨 예, 다스릴 예, 어질 예)

8급 · 父 · 4획

사람이 알아야 할 것을 조목조목 나누어(八) 어질게(乂) 가르치는 아버지니 **아버지 부**

+ 凹 母(어머니 모)

★ 父(아버지 부) 母(어머니 모) — 부모 – 아버지와 어머니.

★★ 祖(할아버지 조, 조상 조) 父(아버지 부) — 조부 – ① 부모의 아버지를 이르는 말.
② 부모의 아버지와 한 항렬에 있는 남자를 통틀어 이르는 말.

순서에 맞게 한자를 써 보아요!

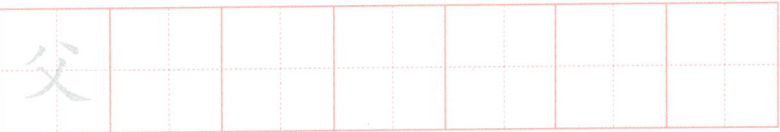

| 학습 날짜 | 月 日 | 학습 완료 체크 | 본인 | 부모님 |

028 교교[交校]
- 交로 된 한자

🎧 028 한자 듣기

6급
亠 6획

(옛날에는) 머리(亠)에 갓을 쓰고 아버지(父)는 사람을 사귀거나 오고 갔으니 **사귈 교, 오고 갈 교**

+ 亠(머리 부분 두), 父(아버지 부)

💬 **선생님의 한 말씀**
아버지 같은 어른이 사람을 맞이할 때는 옷을 단정하게 입지요.

8급
木 10획

나무(木)에 지주를 교차(交)시켜 바로잡듯이 사람을 바르게 가르치는 학교니 **학교 교**

또 글을 바로잡으려고 교정보니 **교정볼 교**

또 사병을 바로잡아 지휘하는 장교니 **장교 교**

+ 교정(校正) - 교정쇄와 원고를 대조하여 잘못된 부분을 바르게 고침.
+ 교정쇄 - 인쇄물의 교정을 보기 위하여 임시로 조판된 내용을 찍는 인쇄. 또는 그렇게 찍어 낸 인쇄물.

★ | 登 오를 등 | 校 학교 교 | 등교 – 학생이 학교에 오름(감). ↔ 하교(下校)

★ | 全 온전할 전 | 校 학교 교 | 전교 – 한 학교의 전체.

★★ | 學 배울 학 / 학교 학 | 校 학교 교 | 학교 – 학생에게 교육을 실시하는 기관.

순서에 맞게 한자를 써 보아요!

실력 체크 퀴즈 (027~028)

점수 　　　/9

1. 다음 한자의 훈(뜻)과 음을 바르게 연결하세요.

01. 父 ·　　　　·글월·　　　　·부

02. 校 ·　　　　·아버지·　　　·교

03. 文 ·　　　　·학교·　　　　·문

2. 다음 문장의 (　) 안에 있는 한자의 독음을 쓰세요.

04. (校)장 선생님께서 훈화 말씀을 시작하셨다.　☐

05. 그는 매년 (父)모님을 모시고 여행을 간다.　☐

06. 희수는 수학보다 (文)학을 더 좋아한다.　☐

3. 다음 밑줄 친 말에 해당하는 한자를 〈보기〉에서 찾아 그 번호를 쓰세요.

• 보기 •
①交　②文　③父　④校　⑤敎　⑥弓

07. 전학 간 학교에서 첫날부터 친구를 <u>사귀었다</u>.　☐

08. 오빠는 얼마 전에 중<u>학교</u>를 졸업했다.　☐

09. 밥 먹는 사이 <u>아버지</u>께 전화가 세 통이나 와 있었다.　☐

정답
01. 아버지, 부　02. 학교, 교　03. 글월, 문　04. 교　05. 부　06. 문　07. ①　08. ④　09. ③

029 구학 [臼學]
− 臼로 된 한자

臼 臼 6획 **1급**

곡식을 찧거나 빻는 절구를 본떠서 **절구 구**

+ 절구 − 곡식을 찧거나 빻는 데 쓰는 도구.

學 子 16획 **8급**

절구(𦥑) 같은 교실에서 친구도 사귀며(爻) 덮인(冖) 책을 펴놓고 아들(子)이 글을 배우니 **배울 학**

또 글을 배우는 학교니 **학교 학**

+ 𦥑[절구 구(臼)의 변형], 冖(덮을 멱), 子(아들 자, 접미사 자)
+ 爻 − 육효가 서로 엇갈린 점괘를 본떠서 '점괘 효'
　또 서로 교차하여 사귀며 좋은 점을 본받으니 '사귈 효, 본받을 효'

★ | 學 학교 학·배울 학 | 生 날 생, 살 생, 사람을 부를 때 쓰는 접사 생 |

학생 − 학교에 다니면서 공부하는 사람.

★ | 學 배울 학 | 力 힘 력 |

학력 − 교육을 통하여 얻은 지식이나 기술 등의 능력.

순서에 맞게 한자를 써 보아요!

030 복교[攵教]
– 攵으로 된 한자

🎧 030 한자 듣기 ⊕

이리(丿)저리(一) 엇갈리게(乂) 치니 **칠 복**

+ 동 攴(攵) – 점(卜)칠 때 오른손(又)에 회초리 들고 툭툭 치면서 점친다는 데서 '칠 복'
+ 동 – 뜻이 같은 한자.
+ 비 夂(천천히 걸을 쇠, 뒤져올 치)
+ 비 – 모양이 비슷한 한자.
+ 칠 복(攵 = 攴)은 4획, 천천히 걸을 쇠, 뒤져올 치(夂)는 3획입니다.
+ 卜(점 복), 又(오른손 우, 또 우), 乂(벨 예, 다스릴 예, 어질 예)

어질게(乂) 많이(𠂉) 자식(子)을 치며(攵) 가르치니 **가르칠 교**

+ 𠂉 ['열 십, 많을 십(十)'의 변형], 子(아들 자, 접미사 자)

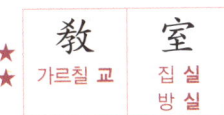 教室 – ① 학생들이 수업하는 방.
　　　　　② 일정한 분야를 연구하는 모임.

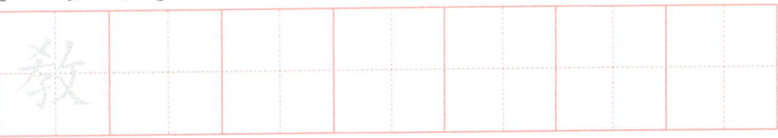 교육 – 지식과 기술 등을 가르치며 인격을 길러 줌.

순서에 맞게 한자를 써 보아요!

실력 체크 퀴즈 (029~030)

점수 　　 /6

1. 다음 한자의 훈(뜻)과 음을 바르게 연결하세요.

01. 敎 ·　　　　· 배울 ·　　　　　　· 교

02. 學 ·　　　　· 가르칠 ·　　　　　· 학

2. 다음 문장의 ( ) 안에 있는 한자의 독음을 쓰세요.

03. (敎)육의 기회는 모두에게 공평해야 한다. ☐

04. 지민이는 (學)생회장 출신이다. ☐

3. 다음 밑줄 친 말에 해당하는 한자를 〈보기〉에서 찾아 그 번호를 쓰세요.

· 보기 ·
① 敎　② 校　③ 學　④ 孝

05. 나는 요즘 취미로 피아노를 **배운다**. ☐

06. 6년 전에 **가르쳤던** 제자가 학교에 방문했다. ☐

 정답

01. 가르칠, 교　02. 배울, 학　03. 교　04. 학　05. ③　06. ①

중간 점검 퀴즈 (021~030)

점수 /12

1. 다음 한자의 훈을 〈보기〉에서 찾아 그 번호를 쓰세요.

   보기: ① 밖 ② 배울 ③ 푸를 ④ 아버지

   01. 靑 ☐   03. 父 ☐
   02. 外 ☐   04. 學 ☐

2. 다음 한자의 음을 〈보기〉에서 찾아 그 번호를 쓰세요.

   보기: ① 제 ② 군 ③ 교 ④ 왕

   05. 敎 ☐   07. 弟 ☐
   06. 軍 ☐   08. 王 ☐

3. 다음 한자의 진하게 표시한 획은 몇 번째 쓰는지 숫자로 쓰세요.

   09. 靑 ☐   11. 軍 ☐
   10. 父 ☐   12. 學 ☐

정답
01. ③ 02. ① 03. ④ 04. ② 05. ③ 06. ② 07. ① 08. ④ 09. 4 10. 4 11. 6 12. 7

학습 날짜　　月　　日　　　학습 완료 체크　본인　｜　부모님

031 여모[女母]
– 女로 된 한자

🎧 031 한자 듣기 ▶

8급

女　3획

두 손 모으고 앉아 있는 여자 모양을 본떠서

여자 녀(여), 계집 녀(여)

+ 옛날에는 '계집'이 보통의 여자라는 뜻이었지만 오늘날은 여자나 아내를 낮잡아 보고 이르는 말로 쓰이니, 女는 '여자 녀'로 쓰지요.
+ 맨 子(아들 자, 접미사 자), 男(사내 남)

★ 　소녀 – (아직 완전히 성숙하지 아니한) 어린 여자아이.

★ 　남녀 – 남자와 여자.

순서에 맞게 한자를 써 보아요!

8급

母　5획

여자() 중 젖(ː)을 드러낸 어머니니 **어머니 모**

+ 맨 父(아버지 부)
+ 비 毋 – 여자 녀(女)에 금지와 부정을 나타내는 가위표(十)를 붙여 '말 무, 없을 무'
+ 母 [여자 녀(女)의 변형]

> 👓 **선생님의 한 말씀**
> 위아래 점(丶) 둘이 있어 젖을 나타내면 '어머니 모(母)',
> 금지의 가위표(十)가 있으면 '말 무, 없을 무(毋)'로 구분하세요.

★ 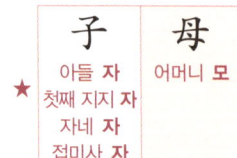　자모 – 아들과 어머니.

순서에 맞게 한자를 써 보아요!

학습 날짜 月 日 **학습 완료 체크** 본인 부모님

032 씨민[氏民]
– 氏로 된 한자

🎧 032 한자 듣기

氏 4획 **4급**

(사람의 씨족은 나무뿌리처럼 이어지니)
나무뿌리가 지상으로 나온 모양을 본떠서 **성 씨, 뿌리 씨**
또 사람을 높여 부르는 조사로도 쓰여
사람을 높여 부르는 조사 씨

氏 5획 **8급**

모인(ㄧ) 여러 씨(氏)족들로 이루어진 백성이니 **백성 민**
+ ㄧ('덮을 멱'이지만 여기서는 모여 있는 모양으로 봄)

★ 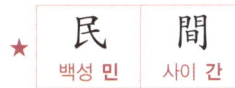 민간 – ① 일반 백성들 사이.
　　　　　　　　② 관청이나 정부 기관에 속하지 않음.

★  민심 – 백성의 마음.

순서에 맞게 한자를 써 보아요!

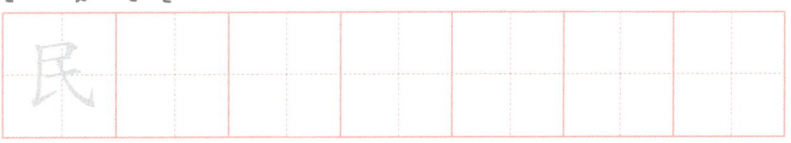

Day 16

실력체크 퀴즈 (031~032)

점수   /9

1. 다음 한자의 훈(뜻)과 음을 바르게 연결하세요.

01. 母 ·   · 여자 ·   · 민

02. 女 ·   · 백성 ·   · 모

03. 民 ·   · 어머니 ·   · 녀

2. 다음 문장의 ( ) 안에 있는 한자의 독음을 쓰세요.

04. 국정이 어지러워 (民)심이 흉흉해졌다. ☐

05. 부(母)님이 참관수업에 오셨다. ☐

06. (女)자 화장실은 저쪽이야! ☐

3. 다음 밑줄 친 말에 해당하는 한자를 〈보기〉에서 찾아 그 번호를 쓰세요.

• 보기 •
① 民   ② 南   ③ 父   ④ 每   ⑤ 女   ⑥ 母

07. 어버이날을 맞아 **어머니**, 아버지께 편지를 썼다. ☐

08. 내일은 형의 **여자**친구분과 함께 식사하는 날이다. ☐

09. 탐관오리의 횡포에 **백성**들의 고통이 날로 심해졌다. ☐

정답

01. 어머니, 모 02. 여자, 녀 03. 백성, 민 04. 민 05. 모 06. 여 07. ⑥ 08. ⑤ 09. ①

| 학습 날짜 | 月 日 | 학습 완료 체크 | 본인 | 부모님 |

033 생 장 [生 長]
– 生과 長

🎧 033 한자 듣기

8급

生 5획

사람(ㅅ)이 흙(土)에 나서 사니

날 생, 살 생, 사람을 부를 때 쓰는 접사 생

+ ㅅ[사람 인(人)의 변형], 土(흙 토)

★ 生(날 생) 日(해 일/날 일) **생일** – 세상에 태어난 날. 탄생일.

★ 生(살 생) 命(목숨 명) **생명** – ① 살아 있는 목숨. ② 사물이 유지되는 기간.

★ 學(배울 학) 生(사람을 부를 때 쓰는 접사 생) **학생** – 배우는 사람.

순서에 맞게 한자를 써 보아요!

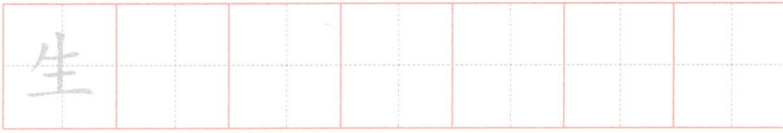

8급

長 8획

입(一)의 위아래에 난 긴 수염을 본떠서 **길 장**

또 수염도 긴 어른이니 **어른 장**

+ 一('한 일'이지만 여기서는 다문 입으로 봄)

★ 里(마을 리(이)) 長(어른 장) **이장** – '마을의 어른'으로, 마을의 사무를 맡아보는 사람.

★ 校(학교 교) 長(어른 장) **교장** – '학교의 어른'으로, 학교의 우두머리.

순서에 맞게 한자를 써 보아요!

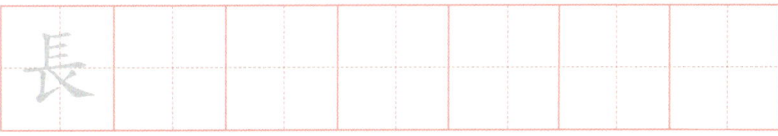

제1편 한자 익히기 | 53

034 우선[牛先]
– 牛로 된 한자

🎧 034 한자 듣기 ▶

牛 4획

뿔 있는 소를 본떠서 **소 우**

 선생님의 한 말씀
글자의 앞에 붙는 부수인 변으로 쓰일 때는 '소 우 변(牜)'입니다.

人(儿) 6획

(소를 부릴 때) 소(土)가 사람(儿) 앞에 서서 먼저 가듯 먼저니
먼저 선

+ 소를 몰거나 부릴 때는 소를 앞에 세우지요.
+ 土 [소 우(牛)의 변형], 儿(사람 인 발)

★ | 先 먼저 선 | 後 뒤 후 | 선후 – ① 먼저와 나중을 아울러 이르는 말.
② 앞서거니 뒤서거니 함.

★★ | 先 먼저 선 | 祖 할아버지 조 조상 조 | 선조 – 먼 윗대의 조상.

순서에 맞게 한자를 써 보아요!

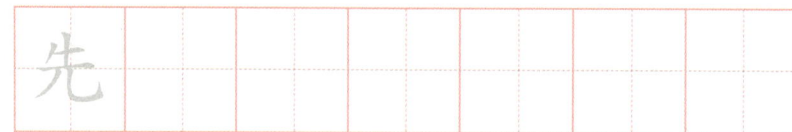

실력 체크 퀴즈 (033~034)

점수 /9

1. 다음 한자의 훈(뜻)과 음을 바르게 연결하세요.

01. 長 ·   · 길 ·   · 생

02. 先 ·   · 날 ·   · 장

03. 生 ·   · 먼저 ·   · 선

2. 다음 문장의 ( ) 안에 있는 한자의 독음을 쓰세요.

04. 막냇동생은 아직 중학(生)이다.

05. 우리 동네 이(長)님은 늘 바쁘시다.

06. 옛 건축물을 보면 (先)조들의 지혜가 돋보인다.

3. 다음 밑줄 친 말에 해당하는 한자를 〈보기〉에서 찾아 그 번호를 쓰세요.

- 보기 -
① 生   ② 王   ③ 牛   ④ 土   ⑤ 先   ⑥ 長

07. 농부에게 소는 아주 소중한 재산이다.

08. 2015년 3월 27일은 내가 **태어난** 날이다.

09. 형이 **먼저** 밖으로 나갔다.

정답
01. 길, 장 02. 먼저, 선 03. 날, 생 04. 생 05. 장 06. 선 07. ③ 08. ① 09. ⑤

| 학습 날짜 | 月 日 | 학습 완료 체크 | 본인 | 부모님 |

035 오년[午年]
- 午로 된 한자

7급II
午
十 4획

방패 간(干) 위에 삐침 별(丿)을 그어,
전쟁에서 중요한 동물이 말임을 나타내어 **말 오**
또 방패(干)에 비치는 햇빛이 거꾸로 기울기(丿) 시작하는 낮이니
낮 오

+ 한자에서는 점 주, 불똥 주(丶)나 삐침 별(丿)로 어느 부분이나 무엇을 강조하기도 하지요.

8급
年
干 6획

낮(午)이 숨은(亠) 듯 가고 오고 하여
해가 바뀌고 나이를 먹으니 **해 년(연), 나이 년(연)**

+ 亠[감출 혜, 덮을 혜(匸, = ㄷ)의 변형]

★★ | 每 매양 매 | 年 해 년 |

매년 - ① 한 해 한 해.
② 해마다.

★★ | 少 적을 소 젊을 소 | 年 해 년 나이 년 |

소년 - ① (아직 완전히 성숙하지 아니한) 어린 사내아이.
② 젊은 나이. 또는 그런 나이의 사람.
③ 소년법에서, 19세 미만인 사람을 이르는 말.

순서에 맞게 한자를 써 보아요!

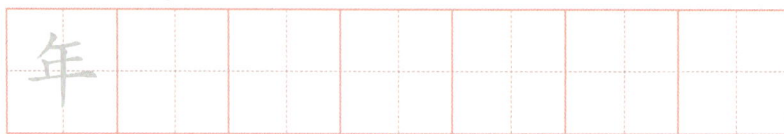

036 과 혹국 [戈 或國]
– 戈와 或으로 된 한자

🎧 036 한자 듣기

戈 (2급)

戈　4획

몸체가 구부러지고 손잡이 있는 창을 본떠서 **창 과**

> **선생님의 한 말씀**
> 옛날에는 전쟁을 많이 했기 때문에, 당시의 전쟁 무기였던 칼 도(刀), 활 궁(弓), 화살 시(矢), 주살 익(弋), 창 과(戈), 창 모(矛) 등과 관련되어 만들어진 한자들도 많습니다.

或 (4급)

戈　8획

창(戈) 들고 식구(口)와 땅(一)을 지키며

혹시라도 있을지 모르는 적의 침입에 대비하니 **혹시 혹**

+ 口('입 구, 구멍 구, 말할 구'지만 여기서는 식구로 봄), 一('한 일'이지만 여기서는 땅으로 봄)

國 (8급)

囗　11획

사방을 에워싸고(囗) 혹시(或)라도 쳐들어올 것을 지키는 나라니

나라 국

+ 囗(에운담)

★  국민 – 국가를 구성하는 사람. 또는 그 나라의 국적을 가진 사람.

★  국화 – 한 나라를 상징하는 꽃.

순서에 맞게 한자를 써 보아요!

Day 18

실력 체크 퀴즈 (035~036)

점수   /9

1. 다음 한자의 훈(뜻)과 음을 바르게 연결하세요.

01. 年 ·   · 나라 ·   · 년
02. 國 ·   · 낮 ·   · 국
03. 午 ·   · 해 ·   · 오

2. 다음 문장의 ( ) 안에 있는 한자의 독음을 쓰세요.

04. 우리 가족은 여름에 미(國)으로 여행 가기로 했다.
05. 집 앞 카페는 (午)전 10시에 문을 연다.
06. 지구의 기온이 매(年) 조금씩 상승하고 있다.

3. 다음 밑줄 친 말에 해당하는 한자를 〈보기〉에서 찾아 그 번호를 쓰세요.

보기
① 國   ② 午   ③ 牛   ④ 或   ⑤ 戈   ⑥ 年

07. <u>낮</u>에는 덥지만 밤에는 아직 춥다.
08. 우리<u>나라</u>의 수도는 서울이다.
09. 개나리를 보려면 다음 <u>해</u> 봄을 기다려야 한다.

정답
01. 해, 년 02. 나라, 국 03. 낮, 오 04. 국 05. 오 06. 년 07. ② 08. ① 09. ⑥

037 촌촌 [寸村]
– 寸으로 된 한자

寸 3획

손목(寸)에서 맥박(丶)이 뛰는 곳까지의 마디니 **마디 촌**

또 마디마디 살피는 법도니 **법도 촌**

> **선생님의 한 말씀**
> 1촌은 손목에서 손가락 하나를 끼워 넣을 수 있는 거리에 있는 맥박이 뛰는 곳까지니, 손가락 하나의 폭으로 약 3cm입니다.

★ 寸(마디 촌) 數(셀 수) 촌수 – '마디 수'로, 친족 사이의 멀고 가까운 정도를 나타내는 수.

순서에 맞게 한자를 써 보아요!

木 7획

나무(木)를 마디마디(寸) 이용하여 집을 지은 마을이니 **마을 촌**

038 위한 [韋韓]
– 韋로 된 한자

1급Ⅱ 韋 9획

위아래를 잘 다듬은 가죽을 본떠서 **가죽 위**

또 서로 반대 방향으로 가는(어기는) 모양으로도 보아 **어길 위**

8급 韋 17획

해 돋는(⻙) 동쪽의 위대한(韋) 한국이니 **한국 한**

+ 韋['가죽 위, 어길 위'지만 여기서는 클 위, 훌륭한 위(偉)의 획 줄임으로 봄]

韓	國
한국 한	나라 국

한국 – 대한민국(大韓民國)을 줄인 말. 한민족이 살고 있는 나라.

★
來	韓
올 래(내)	한국 한

내한 – 외국인이 한국에 옴.

순서에 맞게 한자를 써 보아요!

韓

실력 체크 퀴즈 (037~038)

점수 　 /9

1. 다음 한자의 훈(뜻)과 음을 바르게 연결하세요.

01. 村 ·　　　　· 한국 ·　　　　· 촌

02. 韓 ·　　　　· 마을 ·　　　　· 촌

03. 寸 ·　　　　· 마디 ·　　　　· 한

2. 다음 문장의 ( ) 안에 있는 한자의 독음을 쓰세요.

04. 오랜만에 외삼(寸)이 놀러오셨다. ☐

05. 농(村) 인구의 고령화 현상이 심각해지고 있다. ☐

06. 영국의 밴드 콜드플레이가 콘서트를 위해 내(韓)했다. ☐

3. 다음 밑줄 친 말에 해당하는 한자를 〈보기〉에서 찾아 그 번호를 쓰세요.

　•보기•
　① 寸　② 韋　③ 國　④ 韓　⑤ 村　⑥ 戈

07. 우리 **마을** 입구에는 백 년 된 은행나무가 있다. ☐

08. 언니는 대학에서 **한국** 문학을 전공하고 있다. ☐

09. 라면을 끓이다가 손가락 **마디**에 화상을 입었다. ☐

정답

01. 마을, 촌　02. 한국, 한　03. 마디, 촌　04. 촌　05. 촌　06. 한　07. ⑤　08. ④　09. ①

도전! 8급 완벽 복습

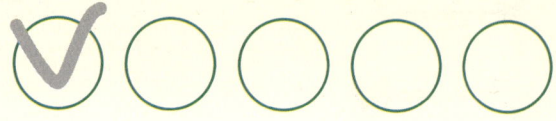

처음부터 끝까지 소리 내어 읽고 동그라미에 체크하기!

教	校	九	國	軍
가르칠 교	학교 교	아홉 구	나라 국	군사 군
金	南	女	年	大
쇠 금 / 성 김	남쪽 남	여자 녀	해 년	큰 대
東	六	萬	母	木
동쪽 동	여섯 륙	일만 만	어머니 모	나무 목
門	民	白	父	北
문 문	백성 민	흰 백	아버지 부	북쪽 북
四	山	三	生	西
넉 사	산 산	석 삼	날 생	서쪽 서

先	小	水	室	十
먼저 선	작을 소	물 수	집 실	열 십
五	王	外	月	二
다섯 오	임금 왕	밖 외	달 월	둘 이
人	一	日	長	弟
사람 인	한 일	해 일	길 장	아우 제
中	靑	寸	七	土
가운데 중	푸를 청	마디 촌	일곱 칠	흙 토
八	學	韓	兄	火
여덟 팔	배울 학	한국 한	형 형	불 화

실력 체크 퀴즈 (8급 완벽 복습)

점수 /9

1. 다음 한자의 훈(뜻)과 음을 바르게 연결하세요.

01. 萬 · · 가운데 · · 중

02. 軍 · · 군사 · · 만

03. 中 · · 일만 · · 군

2. 다음 문장의 ( ) 안에 있는 한자의 독음을 쓰세요.

04. 우리는 실(外) 주차장에 주차했다.

05. 할아버지는 초등학교 교(長) 선생님이시다.

06. 사물함에서 미술 시간에 쓸 (白)지를 꺼냈다.

3. 다음 밑줄 친 말에 해당하는 한자를 〈보기〉에서 찾아 그 번호를 쓰세요.

> 보기
> ① 男   ② 女   ③ 問   ④ 西   ⑤ 四   ⑥ 門

07. 왼쪽이 남자 화장실, 오른쪽이 **여자** 화장실이다.

08. 택배는 **문** 앞에 두고 가겠습니다.

09. 그 집은 아들만 **넷**이다.

정답

01. 일만, 만 02. 군사, 군 03. 가운데, 중 04. 외 05. 장 06. 백 07. ② 08. ⑥ 09. ⑤

중간 점검 퀴즈 (031~038)

점수 　　／12

1. 다음 한자의 훈을 〈보기〉에서 찾아 그 번호를 쓰세요.

   • 보기 •
   ① 백성　② 마디　③ 길　④ 한국

   01. 寸 ☐　　　03. 韓 ☐

   02. 民 ☐　　　04. 長 ☐

2. 다음 한자의 음을 〈보기〉에서 찾아 그 번호를 쓰세요.

   • 보기 •
   ① 년　② 국　③ 생　④ 모

   05. 母 ☐　　　07. 生 ☐

   06. 年 ☐　　　08. 國 ☐

3. 다음 한자의 진하게 표시한 획은 몇 번째 쓰는지 숫자로 쓰세요.

   09. 國 ☐　　　11. 長 ☐

   10. 民 ☐　　　12. 女 ☐

   정답
   01. ②　02. ①　03. ④　04. ③　05. ④　06. ①　07. ③　08. ②　09. 10　10. 3　11. 4　12. 2

MEMO

제 2 편

한자 복습하기

따라 쓰며 복습하기

제2편 한자 복습하기

> **선생님의 한 말씀**
>
> 8급 시험에서는 한자의 訓(훈: 뜻)과 音(음: 소리)을 정확히 알고 있는지 평가하는 방식으로 문제가 출제됩니다. 한자를 큰 소리로 읽고 써 보며 한자의 訓音(훈음)을 정확히 익혀 보세요.

 시험에서는 이렇게

※ 다음 글의 ( ) 안에 있는 한자의 독음을 쓰세요.

01. (女)학생들이 공부를 하고 있었습니다.

※ 다음 훈이나 음에 알맞은 한자를 〈보기〉에서 찾아 그 번호를 쓰세요.

> **보기**
> ① 小 ② 白 ③ 北 ④ 年 ⑤ 東 ⑥ 韓 ⑦ 西 ⑧ 民 ⑨ 六 ⑩ 王

11. 임금

12. 북

※ 다음 밑줄 친 말에 해당하는 한자를 〈보기〉에서 찾아 그 번호를 쓰세요.

> **보기**
> ① 木 ② 白 ③ 軍 ④ 年 ⑤ 東 ⑥ 四 ⑦ 北 ⑧ 民 ⑨ 六 ⑩ 女

21. <u>나무</u>

22. <u>네</u> 그루를

※ 다음 한자의 훈과 음을 쓰세요.

31. 萬

※ 다음 한자의 훈/음을 〈보기〉에서 찾아 그 번호를 쓰세요.

> **보기**
> ① 흙 ② 여덟 ③ 풀 ④ 불 | ① 형 ② 서 ③ 장 ④ 촌

41. 火

45. 兄

가르칠 교

부수 攵　**획수** 11획
필순 丿 ㄨ ㄠ 耂 孝 孝 孝 孝 孝 敎 敎

敎

학교 교, 교정볼 교, 장교 교

부수 木　**획수** 10획
필순 一 十 ㄔ 木 木 术 朴 杧 杧 校

校

아홉 구, 클 구, 많을 구

부수 乙　**획수** 2획
필순 丿 九

九

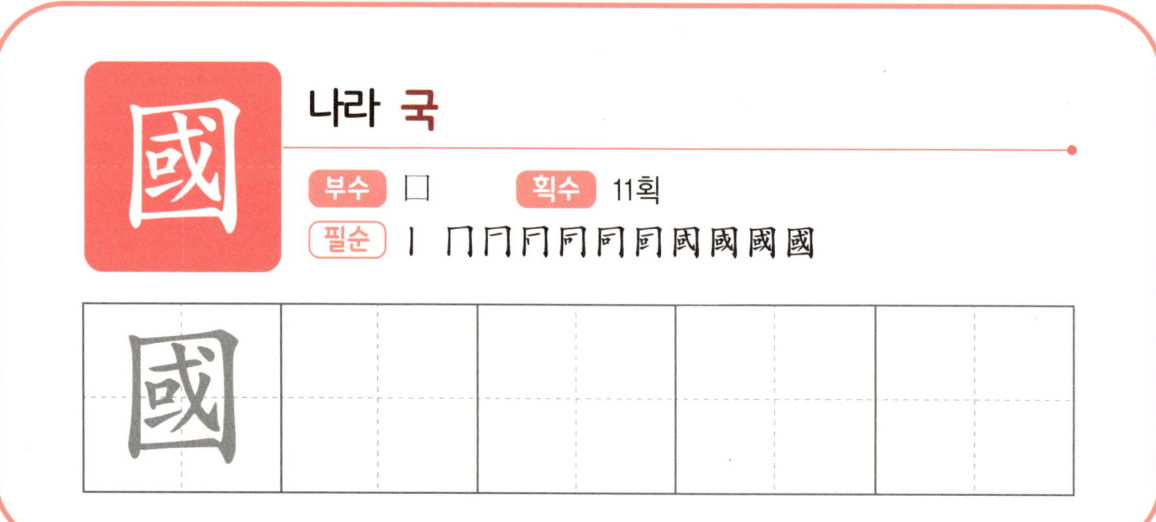

나라 **국**

부수 囗   획수 11획
필순 丨 冂 冂 冃 冋 冋 國 國 國 國 國

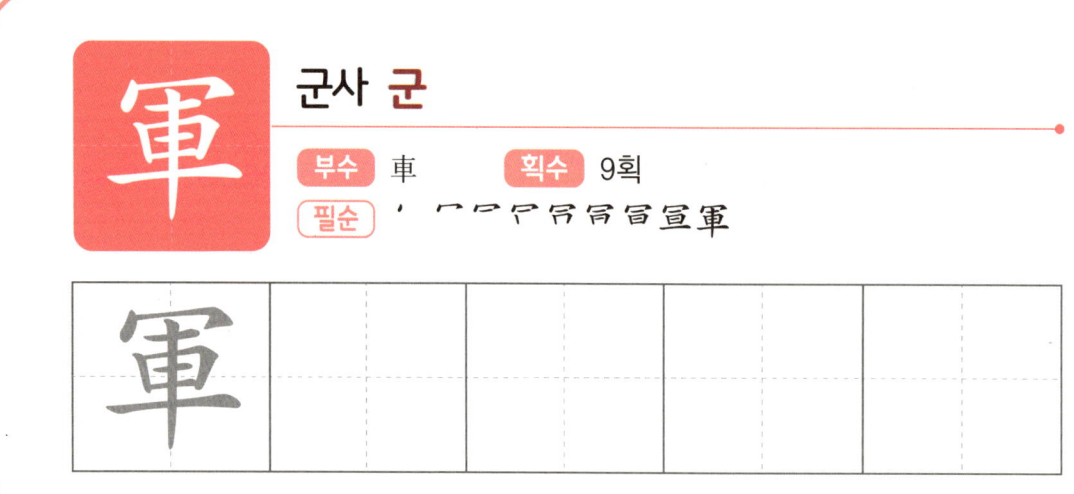

군사 **군**

부수 車   획수 9획
필순 ⼁ ⼍ ⼍ 冃 冒 冒 冒 軍 軍

쇠 **금**, 금 **금**, 돈 **금**, 성씨 **김**

부수 金   획수 8획
필순 ノ 人 𠆢 ⿱ 全 余 金 金

남쪽 남

- 부수: 十
- 획수: 9획
- 필순: 一 十 ナ 冉 冉 冉 南 南 南

여자 녀(여)

- 부수: 女
- 획수: 3획
- 필순: 𡿨 女 女

해 년(연), 나이 년(연)

- 부수: 干
- 획수: 6획
- 필순: 丿 𠂉 ㌇ 生 年

큰 대
- **부수**: 大
- **획수**: 3획
- **필순**: 一 ナ 大

동쪽 동, 주인 동
- **부수**: 木
- **획수**: 8획
- **필순**: 一 ㄇ 冂 冃 甴 束 東 東

여섯 륙(육)
- **부수**: 八
- **획수**: 4획
- **필순**: 丶 一 亠 六

 **많을 만, 일만 만**

부수 艸(艹)   획수 13획
필순 一 十 卄 艹 节 芍 昔 苩 莒 萬 萬 萬 萬

 **어머니 모**

부수 毋   획수 5획
필순 ㄴ 几 母 母 母

 **나무 목**

부수 木   획수 4획
필순 一 十 才 木

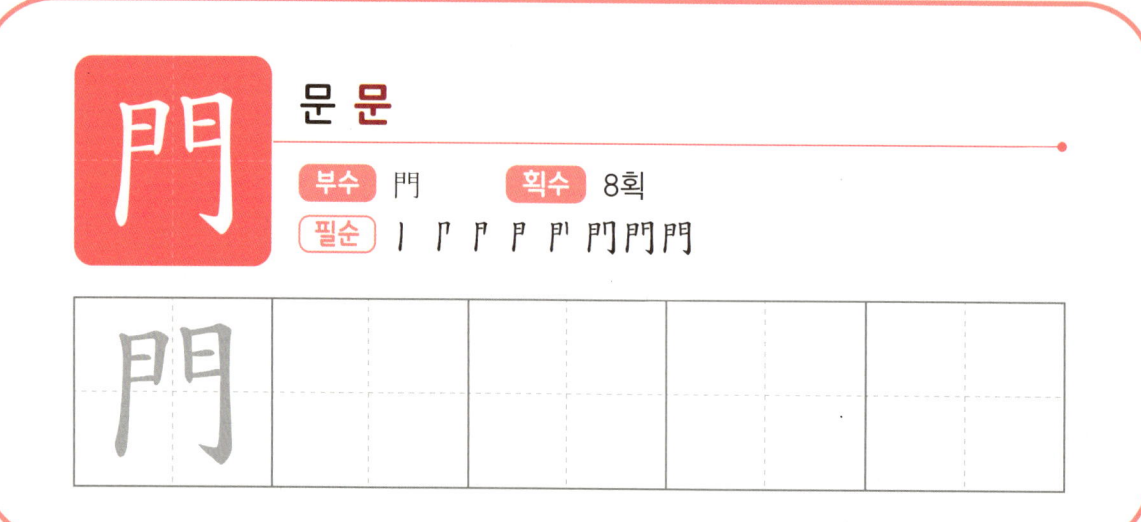

門 문 문
- 부수: 門
- 획수: 8획
- 필순: 丨 冂 冋 冋 門 門 門 門

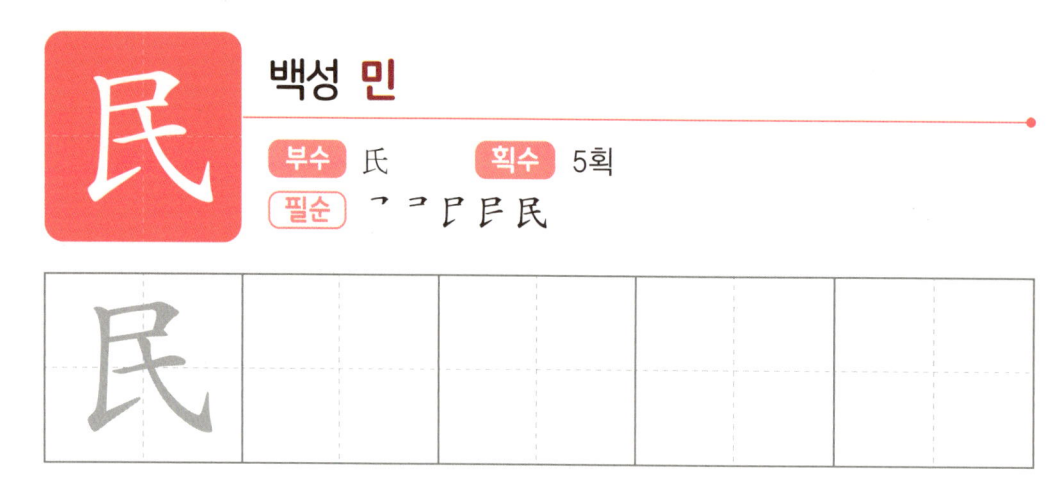

民 백성 민
- 부수: 氏
- 획수: 5획
- 필순: ㇇ ㇇ 尸 民 民

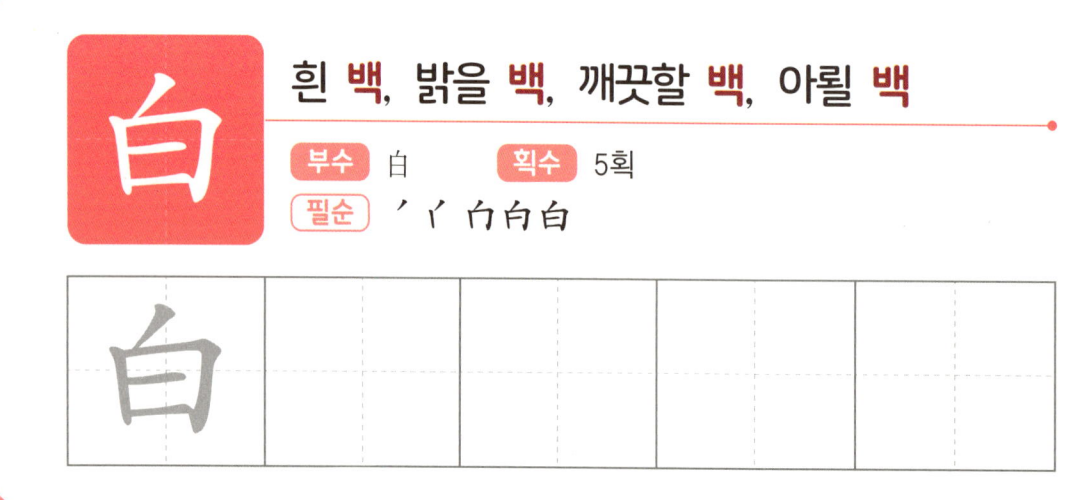

白 흰 백, 밝을 백, 깨끗할 백, 아뢸 백
- 부수: 白
- 획수: 5획
- 필순: 丿 丨 白 白 白

아버지 부

- 부수: 父
- 획수: 4획
- 필순: ノ ハ ク 父

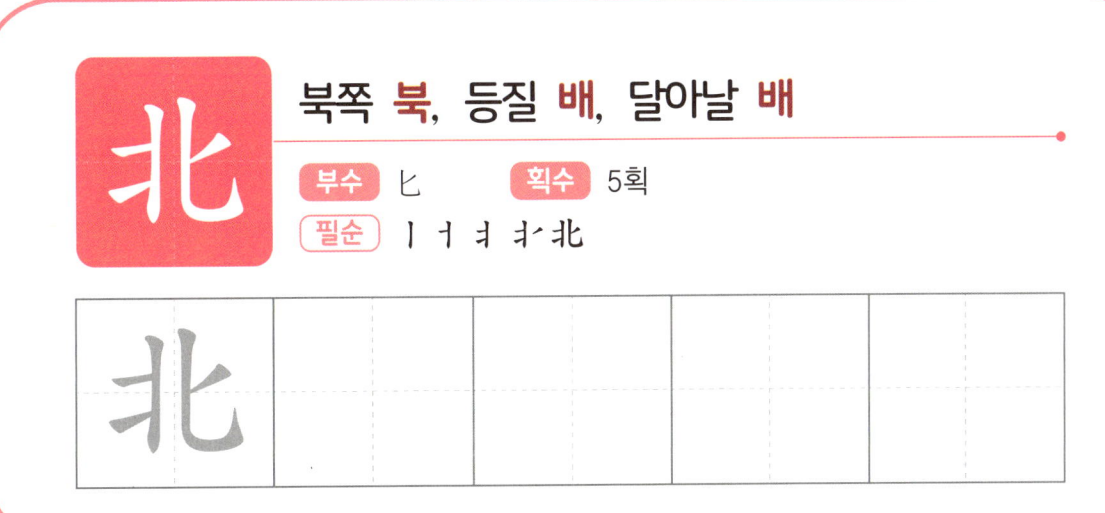

북쪽 북, 등질 배, 달아날 배

- 부수: 匕
- 획수: 5획
- 필순: 丨 ㅓ ㅋ 北 北

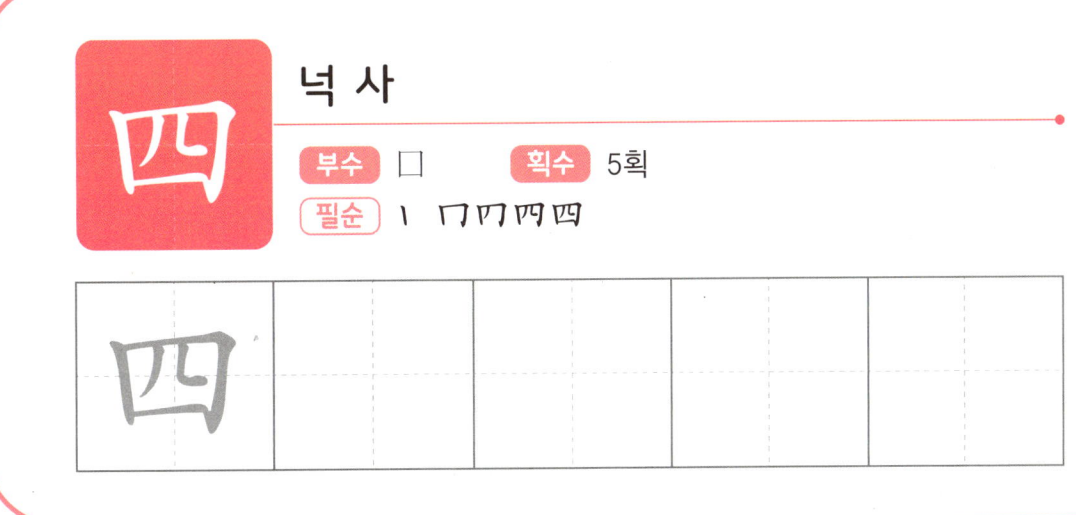

넉 사

- 부수: 囗
- 획수: 5획
- 필순: 丨 冂 冂 四 四

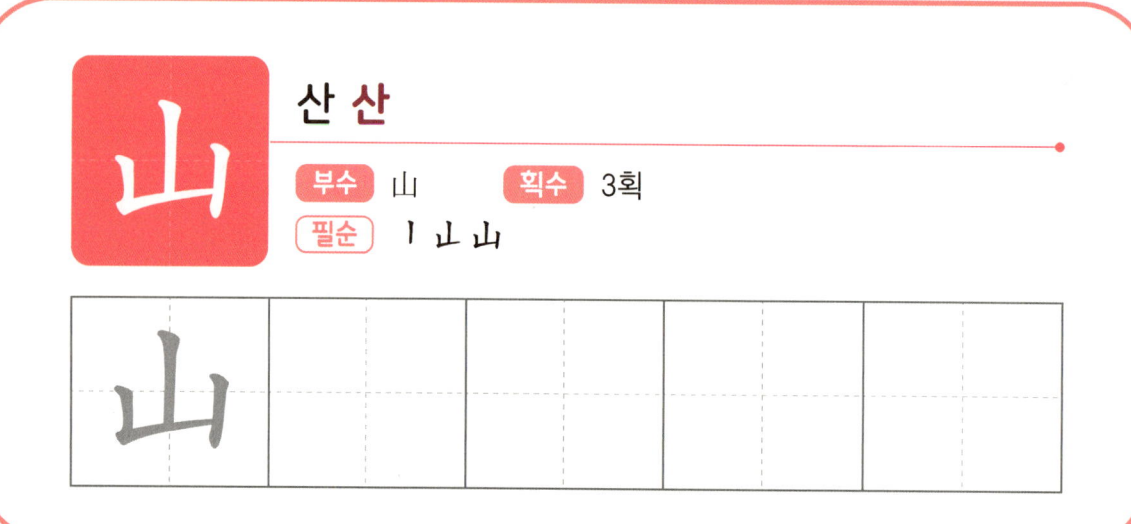

산 산
부수 山 **획수** 3획
필순 丨 凵 山

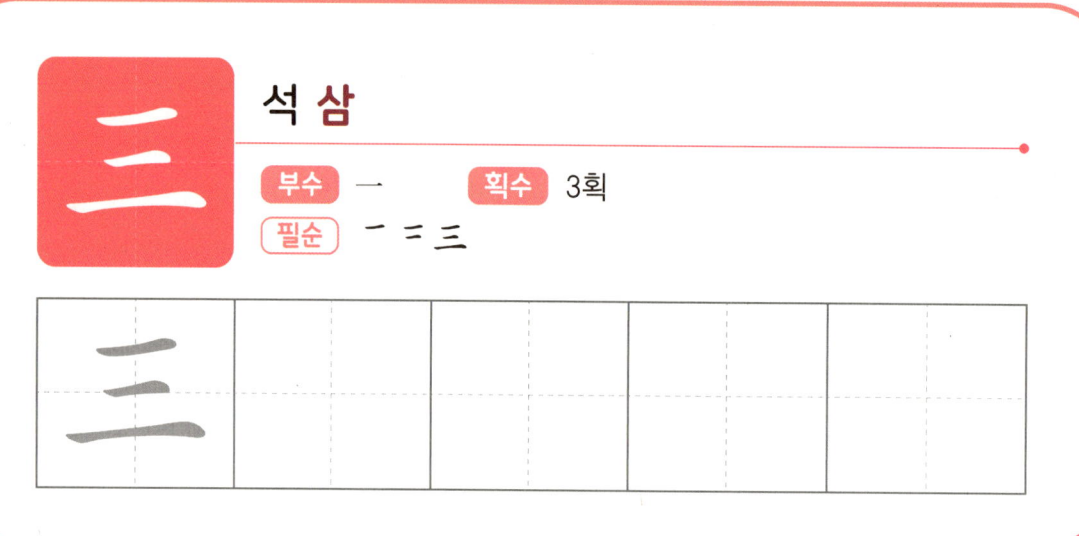

석 삼
부수 一 **획수** 3획
필순 一 二 三

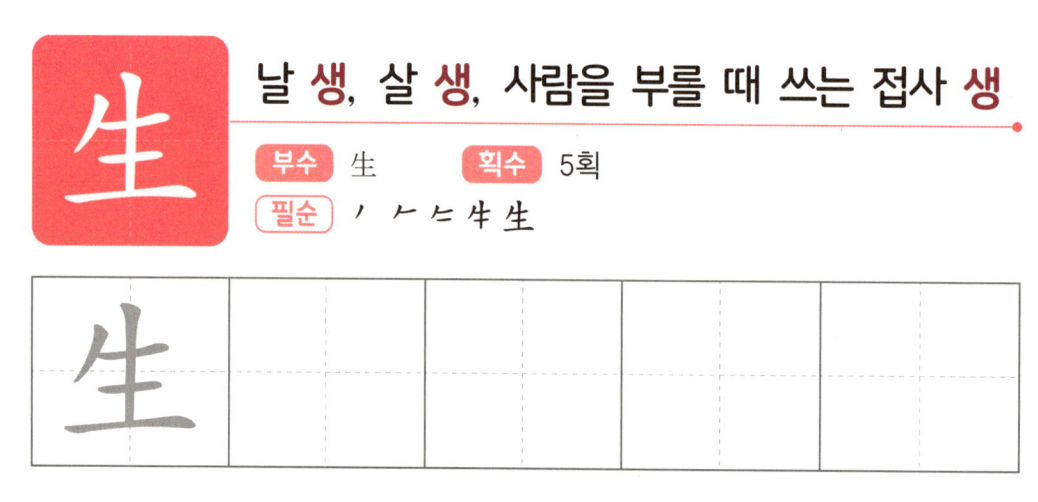

날 생, 살 생, 사람을 부를 때 쓰는 접사 생
부수 生 **획수** 5획
필순 丿 ㇏ 亠 牛 生

서쪽 서

부수 西　**획수** 6획
필순 一 ㄒ ㅠ 両 西 西

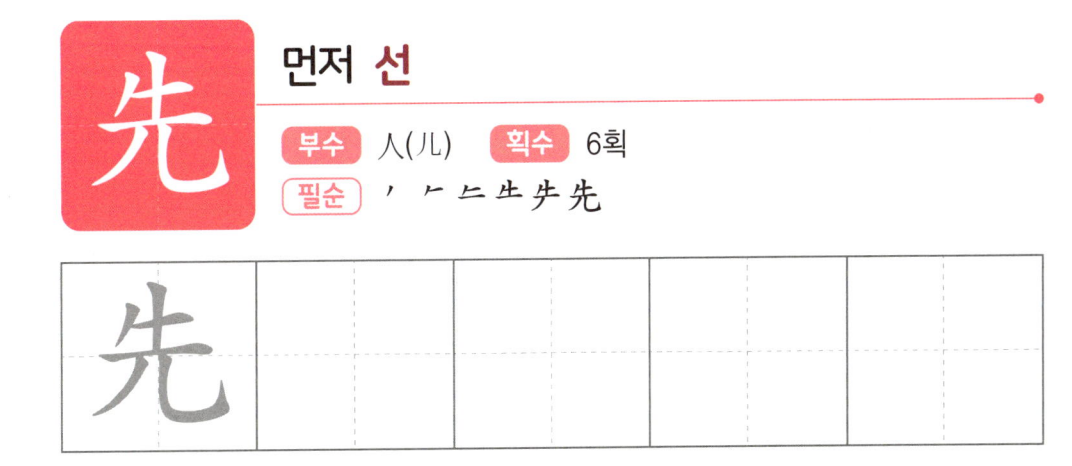

먼저 선

부수 人(儿)　**획수** 6획
필순 ノ 一 ㅗ 生 生 先

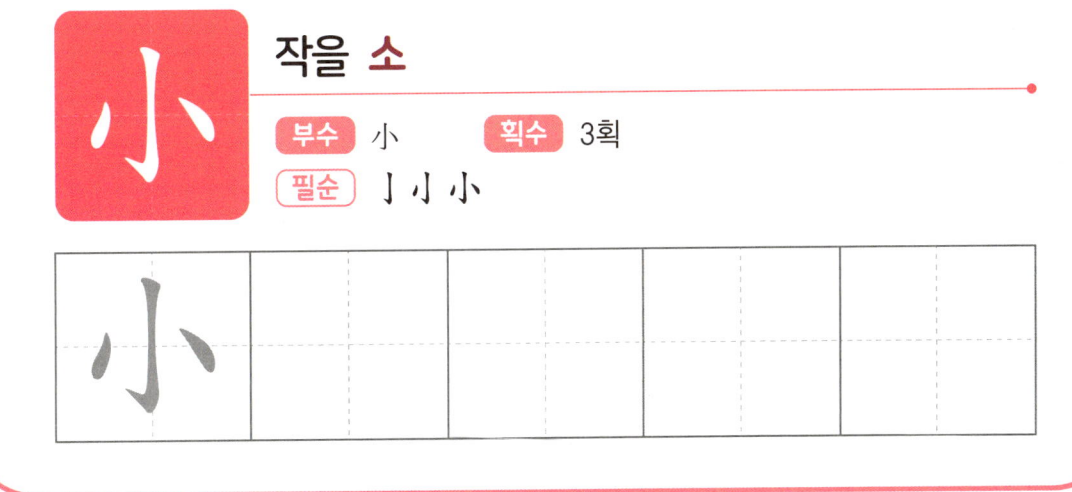

작을 소

부수 小　**획수** 3획
필순 亅 小 小

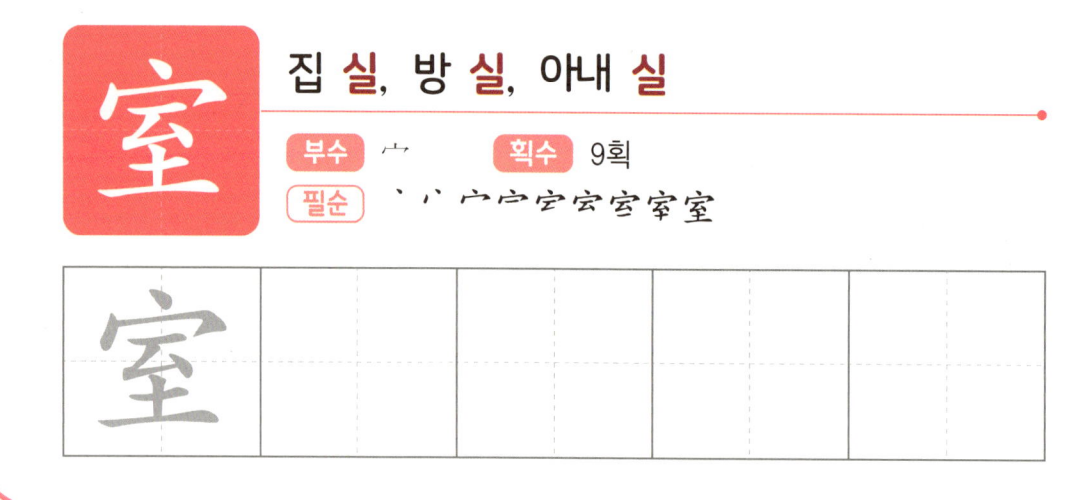

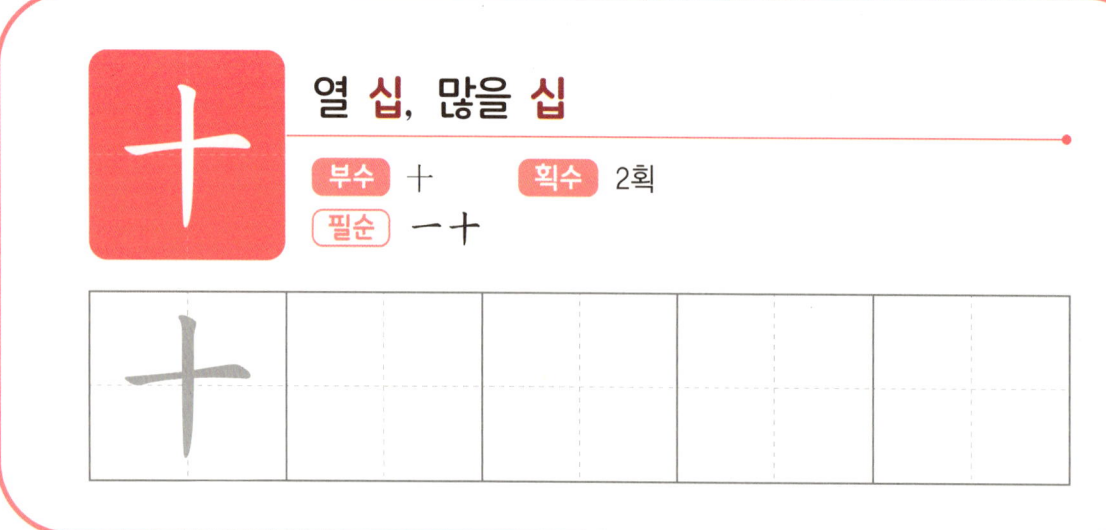

다섯 **오**

- **부수** 二 **획수** 4획
- **필순** 一 丆 五 五

임금 **왕**, 으뜸 **왕**, 구슬 **옥** 변

- **부수** 王(玉) **획수** 4획
- **필순** 一 二 千 王

밖 **외**

- **부수** 夕 **획수** 5획
- **필순** 丿 夂 夕 外 外

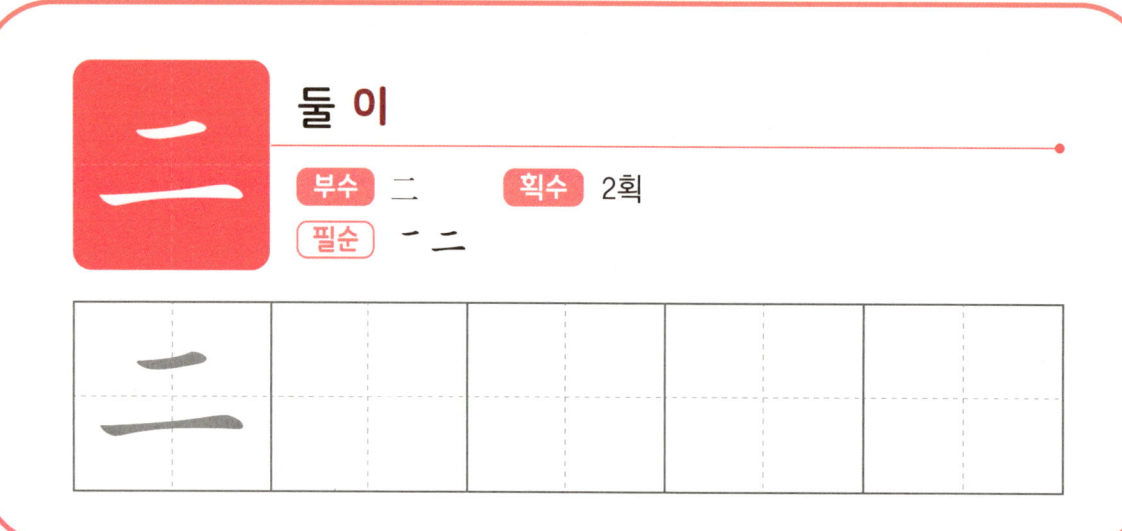

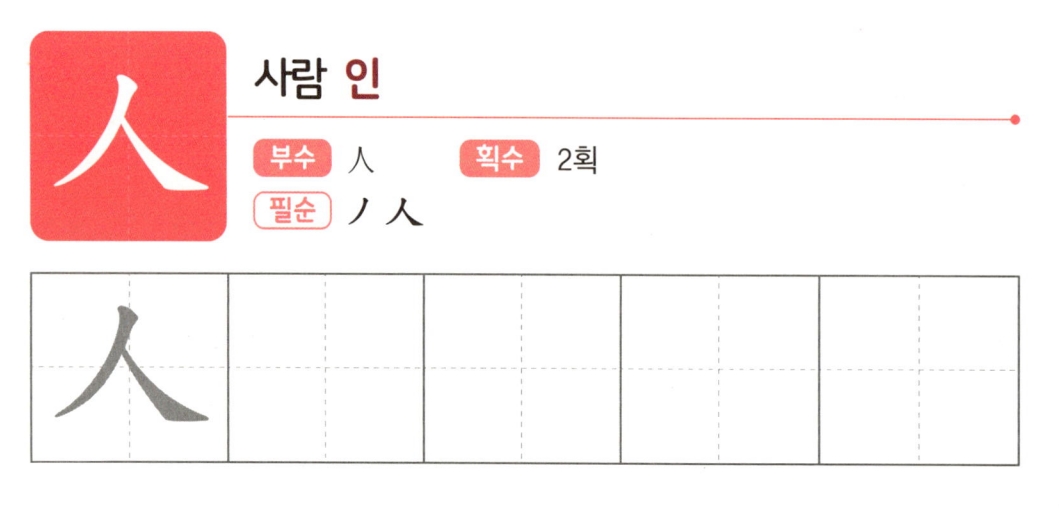

아우 **제**, 제자 **제**

부수 弓   획수 7획
필순 ` ` ⺍ ⺗ 弟 弟

가운데 **중**, 맞힐 **중**

부수 丨   획수 4획
필순 丨 口 口 中

푸를 **청**, 젊을 **청**

부수 靑   획수 8획
필순 一 二 丰 圭 青 青 青 青

마디 촌, 법도 촌
- 부수: 寸
- 획수: 3획
- 필순: 一 寸 寸

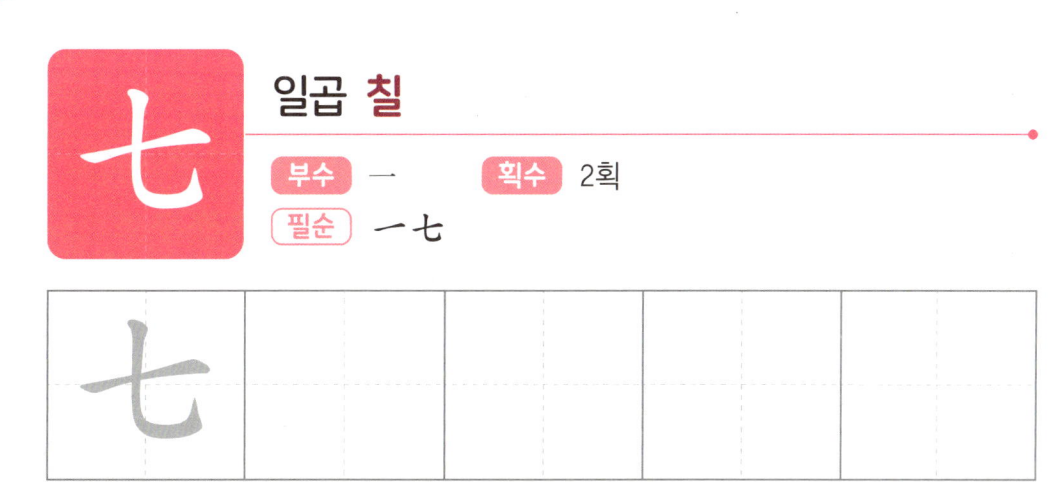

일곱 칠
- 부수: 一
- 획수: 2획
- 필순: 一 七

흙 토
- 부수: 土
- 획수: 3획
- 필순: 一 十 土

八 여덟 팔, 나눌 팔
- 부수: 八
- 획수: 2획
- 필순: ノ 八

學 배울 학, 학교 학
- 부수: 子
- 획수: 16획
- 필순: ˊ ˊ ŕ ŕ ŕ ŕ 臼 臼 郎 郎 廚 與 學 學 學

韓 한국 한
- 부수: 韋
- 획수: 17획
- 필순: 一 十 十 古 古 直 卓 卓 享 享 享 享 韓 韓 韓 韓

MEMO

제 3 편

기출문제

제102회 기출문제
제103회 기출문제
제104회 기출문제
제105회 기출문제
제106회 기출문제
정답 및 해설

※ 본 도서에 사용한 『한국한자능력검정시험 기출문제』의 저작권은 사단법인 한국어문회이며, 사단법인 한국어문회의 허락을 받고 사용하였음.

제102회 전국한자능력검정시험 8급 기출 문제지

(사)한국어문회 주관 · 한국한자능력검정회 시행

[문제 1-10] 다음 글의 ( ) 안에 있는 漢字한자의 **讀音**(독음: 읽는 소리)을 쓰세요.

〈보기〉
(漢) → 한

[1] 서울의 (四)

[2] (大)

[3] (門)

[4] (東)쪽엔 흥인지문

[5] (西)쪽엔 돈의문

[6] (南)쪽엔 숭례문

[7] 경복궁 (北)쪽엔

[8] (靑)와대

[9] 지금은 (國)

[10] (民) 품으로

[문제 11-20] 다음 訓(훈: 뜻)이나 音(음: 소리)에 알맞은 漢字한자를 〈보기〉에서 찾아 그 번호를 쓰세요.

〈보기〉
① 六 ② 金 ③ 年 ④ 寸
⑤ 七 ⑥ 三 ⑦ 軍 ⑧ 女
⑨ 土 ⑩ 九

[11] 셋

[12] 아홉

[13] 여섯

[14] 쇠

[15] 년

[16] 흙

[17] 마디

[18] 여자

[19] 군인

[20] 칠

[문제 21-30] 다음 밑줄 친 말에 해당하는 漢字한자를 〈보기〉에서 찾아 그 번호를 쓰세요.

〈보기〉
① 室　② 敎　③ 一　④ 中
⑤ 王　⑥ 人　⑦ 二　⑧ 十
⑨ 弟　⑩ 八

[21] 여러 방면에 능통한 <u>사람</u>을

[22] <u>팔</u>방미인이라고 부른다.

[23] 호텔에는 <u>두</u> 사람이

[24] 묵을 수 있는 <u>방</u>이

[25] <u>열</u> 개 남아 있다.

[26] 그는 <u>임금</u>을

[27] <u>가르치는</u>

[28] 벼슬아치 <u>가운데</u>

[29] <u>한</u> 사람으로

[30] 영의정의 <u>동생</u>이다.

[문제 31-40] 다음 漢字한자의 訓(훈: 뜻)과 音(음: 소리)을 쓰세요.

〈보기〉
漢 → 한나라 한

[31] 長　　[32] 學　　[33] 萬

[34] 月　　[35] 日　　[36] 火

[37] 白　　[38] 校　　[39] 母

[40] 兄

[문제 41-44] 다음 漢字한자의 訓(훈: 뜻)을 〈보기〉에서 찾아 그 번호를 쓰세요.

〈보기〉
① 뫼　② 바깥
③ 나무　④ 아비

[41] 木　　[42] 外

[43] 山　　[44] 父

[문제 45-48] 다음 漢字한자의 音(음: 소리)을 〈보기〉에서 찾아 그 번호를 쓰세요.

〈보기〉
① 한　② 수　③ 생　④ 선

[45] 生　　[46] 先

[47] 水　　[48] 韓

[문제 49-50] 다음 漢字한자의 진하게 표시한 획은 몇 번째 쓰는지 〈보기〉에서 찾아 그 번호를 쓰세요.

〈보기〉
① 첫 번째   ② 두 번째
③ 세 번째   ④ 네 번째
⑤ 다섯 번째 ⑥ 여섯 번째
⑦ 일곱 번째 ⑧ 여덟 번째
⑨ 아홉 번째

[49] 軍

[50] 年

♣ 수고하셨습니다.

(사)한국어문회 주관·한국한자능력검정회 시행
제103회 전국한자능력검정시험 8급 기출 문제지

[문제 1-10] 다음 글의 ( ) 안에 있는 漢字한자의 讀音(독음: 읽는 소리)을 쓰세요.

〈보기〉
(漢) → 한

[1] (外)

[2] (四)

[3] (寸)

[4] (兄)은

[5] 내(年)

[6] (三)

[7] (月)에

[8] (中)

[9] (學)

[10] (校)에 들어갑니다.

[문제 11-20] 다음 訓(훈: 뜻)이나 音(음: 소리)에 알맞은 漢字한자를 〈보기〉에서 찾아 그 번호를 쓰세요.

〈보기〉
① 父 ② 先 ③ 母 ④ 軍
⑤ 女 ⑥ 室 ⑦ 七 ⑧ 一
⑨ 土 ⑩ 人

[11] 군

[12] 흙

[13] 선

[14] 한

[15] 사람

[16] 녀

[17] 일곱

[18] 부

[19] 집

[20] 모

[문제 21-30] 다음 밑줄 친 말에 해당하는 漢字한자를 〈보기〉에서 찾아 그 번호를 쓰세요.

〈보기〉
① 門　② 六　③ 九　④ 弟
⑤ 韓　⑥ 王　⑦ 十　⑧ 民
⑨ 靑　⑩ 小

[21] 넓고 푸른 바다가 펼쳐집니다.

[22] 어느덧 아홉 시가 되었습니다.

[23] 모두 열 명입니다.

[24] 성안의 모든 백성들이 힘을 모았습니다.

[25] 환기를 위해 문을 잠시 열어두겠습니다.

[26] 오늘은 동생과 놀이터에 가기로 했습니다.

[27] 거문고는 여섯 줄로 된 악기입니다.

[28] 제 키가 더 작습니다.

[29] 이 물건은 임금께서 내리신 것이라고 합니다.

[30] 어제 축구경기는 한국이 승리했습니다.

[문제 31-40] 다음 漢字한자의 訓(훈: 뜻)과 音(음: 소리)을 쓰세요.

〈보기〉
漢 → 한나라 한

[31] 木　　[32] 南　　[33] 日

[34] 五　　[35] 生　　[36] 白

[37] 敎　　[38] 萬　　[39] 二

[40] 火

[문제 41-44] 다음 漢字한자의 訓(훈: 뜻)을 〈보기〉에서 찾아 그 번호를 쓰세요.

〈보기〉
① 큰　② 나라
③ 서녘　④ 물

[41] 西　　　[42] 國

[43] 大　　　[44] 水

[문제 45-48] 다음 漢字한자의 音(음: 소리)을 〈보기〉에서 찾아 그 번호를 쓰세요.

〈보기〉
① 팔　② 금　③ 산　④ 북

[45] 北　　　[46] 金

[47] 八　　　[48] 山

[문제 49-50] 다음 漢字한자의 진하게 표시한 획은 몇 번째 쓰는지 〈보기〉에서 찾아 그 번호를 쓰세요.

〈보기〉
① 첫 번째   ② 두 번째
③ 세 번째   ④ 네 번째
⑤ 다섯 번째 ⑥ 여섯 번째
⑦ 일곱 번째 ⑧ 여덟 번째

[49] 長

[50] 東

♣ 수고하셨습니다.

(사)한국어문회 주관 · 한국한자능력검정회 시행
제104회 전국한자능력검정시험 8급 기출 문제지

[문제 1-10] 다음 글의 ( ) 안에 있는 漢字한자의 讀音(독음: 읽는 소리)을 쓰세요.

〈보기〉
(漢) → 한

[1] 국보 (一)호인

[2] (南)

[3] (大)

[4] (門)으로 가기 위해

[5] (山)을 내려가다 보니

[6] (東)쪽에

[7] (學)

[8] (校)와 그 안에

[9] (敎)

[10] (室)이 보였다.

[문제 11-20] 다음 訓(훈: 뜻)이나 音(음: 소리)에 알맞은 漢字한자를 〈보기〉에서 찾아 그 번호를 쓰세요.

〈보기〉
① 年　② 九　③ 國　④ 生
⑤ 金　⑥ 軍　⑦ 韓　⑧ 六
⑨ 萬　⑩ 寸

[11] 생

[12] 한

[13] 국

[14] 군

[15] 쇠

[16] 마디

[17] 륙

[18] 아홉

[19] 해

[20] 만

[문제 21-30] 다음 밑줄 친 말에 해당하는 漢字한자를 〈보기〉에서 찾아 그 번호를 쓰세요.

〈보기〉
① 靑 ② 父 ③ 白 ④ 先
⑤ 十 ⑥ 外 ⑦ 人 ⑧ 日
⑨ 西 ⑩ 四

[21] 서쪽 하늘이 붉게 물들었다.

[22] 먼저 태어난

[23] 사람

[24] 네 명이 들어왔다.

[25] 오늘은 일이 시작된 지 열 번째

[26] 날이다.

[27] 아버지가

[28] 밖에서 들어오셨다.

[29] 푸른색과

[30] 흰색으로 팀을 나누어 체육대회를 치렀다.

[문제 31-40] 다음 漢字한자의 訓(훈: 뜻)과 音(음: 소리)을 쓰세요.

〈보기〉
漢 → 한나라 한

[31] 弟   [32] 中   [33] 七

[34] 火   [35] 土   [36] 八

[37] 兄   [38] 民   [39] 木

[40] 女

[문제 41-44] 다음 漢字한자의 訓(훈: 뜻)을 〈보기〉에서 찾아 그 번호를 쓰세요.

〈보기〉
① 다섯   ② 임금
③ 긴   ④ 물

[41] 長   [42] 王

[43] 水   [44] 五

[문제 45-48] 다음 漢字한자의 音(음: 소리)을 〈보기〉에서 찾아 그 번호를 쓰세요.

〈보기〉
① 삼   ② 소   ③ 월   ④ 이

[45] 月   [46] 三

[47] 小   [48] 二

[문제 49-50] 다음 漢字한자의 진하게 표시한 획은 몇 번째 쓰는지 〈보기〉에서 찾아 그 번호를 쓰세요.

<보기>
① 첫 번째   ② 두 번째
③ 세 번째   ④ 네 번째
⑤ 다섯 번째

[49] 母

[50] 北

♣ 수고하셨습니다.

(사)한국어문회 주관·한국한자능력검정회 시행
제105회 전국한자능력검정시험 8급 기출 문제지

[문제 1-10] 다음 글의 ( ) 안에 있는 漢字한자의 讀音(독음: 읽는 소리)을 쓰세요.

〈보기〉
(漢) → 한

[1] (學)

[2] (生) 여러분,

[3] (大)

[4] (韓)

[5] (民)

[6] (國)의

[7] (東)쪽 끝은 독도이고,

[8] (西)쪽 끝은 백령도,

[9] (南)쪽 끝은 마라도,

[10] (北)쪽 끝은 고성군입니다.

[문제 11-20] 다음 訓(훈: 뜻)이나 音(음: 소리)에 알맞은 漢字한자를 〈보기〉에서 찾아 그 번호를 쓰세요.

〈보기〉
① 萬　② 三　③ 校　④ 長
⑤ 王　⑥ 弟　⑦ 小　⑧ 火
⑨ 五　⑩ 土

[11] 흙

[12] 작을

[13] 왕

[14] 만

[15] 장

[16] 아우

[17] 삼

[18] 불

[19] 다섯

[20] 교

[문제 21-30] 다음 밑줄 친 말에 해당하는 漢字한자를 〈보기〉에서 찾아 그 번호를 쓰세요.

〈보기〉
① 白　② 門　③ 人　④ 八
⑤ 敎　⑥ 一　⑦ 十　⑧ 木
⑨ 山　⑩ 日

[21] 넷 더하기 넷은 여덟입니다.

[22] 새들이 나무 위에서 지저귑니다.

[23] 똑, 똑, 똑, 문 두드리는 소리가 납니다.

[24] 장터에는 5일마다 장이 섭니다.

[25] 동생은 밤 열 시에 잠을 잡니다.

[26] 두둥실 흰 구름이 떠갑니다.

[27] 사과를 한 개씩 나누어 먹었습니다.

[28] 나무꾼은 마음씨가 착한 사람이었습니다.

[29] 아이들에게 참된 삶을 가르쳐야 합니다.

[30] 지금 산에는 진달래가 한창입니다.

[문제 31-40] 다음 漢字한자의 訓(훈: 뜻)과 音(음: 소리)을 쓰세요.

〈보기〉
漢 → 한나라 한

[31] 七　　[32] 水　　[33] 軍

[34] 六　　[35] 二　　[36] 寸

[37] 靑　　[38] 中　　[39] 四

[40] 室

[문제 41-44] 다음 漢字한자의 訓(훈: 뜻)을 〈보기〉에서 찾아 그 번호를 쓰세요.

〈보기〉
① 어미　② 해
③ 계집　④ 아홉

[41] 女　　　[42] 母

[43] 年　　　[44] 九

[문제 45-48] 다음 漢字한자의 音(음: 소리)을 〈보기〉에서 찾아 그 번호를 쓰세요.

〈보기〉
① 선　② 외　③ 금　④ 월

[45] 月　　　[46] 金

[47] 外　　　[48] 先

[문제 49-50] 다음 漢字한자의 진하게 표시한 획은 몇 번째 쓰는지 〈보기〉에서 찾아 그 번호를 쓰세요.

〈보기〉
① 첫 번째   ② 두 번째
③ 세 번째   ④ 네 번째
⑤ 다섯 번째

[49] 父

[50] 兄

♣ 수고하셨습니다.

(사)한국어문회 주관 · 한국한자능력검정회 시행

제106회 전국한자능력검정시험 8급 기출 문제지

[문제 1-10] 다음 글의 ( ) 안에 있는 漢字한자의 讀音(독음: 읽는 소리)을 쓰세요.

〈보기〉
(漢) → 한

[1] (南)씨 성의

[2] (先)

[3] (生)님께서

[4] (學)

[5] (校)에서 아이들을 가르치십니다.

[6] (敎)

[7] (室)의

[8] (門)을 열어보니

[9] (二)학년

[10] (女)학생들이 공부를 하고 있었습니다.

[문제 11-20] 다음 訓(훈: 뜻)이나 音(음: 소리)에 알맞은 漢字한자를 〈보기〉에서 찾아 그 번호를 쓰세요.

〈보기〉
① 小   ② 白   ③ 軍   ④ 年
⑤ 東   ⑥ 韓   ⑦ 北   ⑧ 民
⑨ 六   ⑩ 王

[11] 임금

[12] 군

[13] 한

[14] 년

[15] 백성

[16] 작을

[17] 동

[18] 여섯

[19] 북

[20] 흰

[문제 21-30] 다음 밑줄 친 말에 해당하는 漢字한자를 〈보기〉에서 찾아 그 번호를 쓰세요.

〈보기〉
① 弟 ② 三 ③ 大 ④ 四
⑤ 十 ⑥ 人 ⑦ 木 ⑧ 山
⑨ 九 ⑩ 中

[21] 셋의 세 배는

[22] 아홉입니다.

[23] 저 산

[24] 가운데 있는

[25] 큰

[26] 나무

[27] 네 그루를

[28] 사람들이 베어냈습니다.

[29] 밤 열 시가 되면

[30] 아우는 잠자리에 듭니다.

[문제 31-40] 다음 漢字한자의 訓(훈: 뜻)과 音(음: 소리)을 쓰세요.

〈보기〉
漢 → 한나라 한

[31] 萬   [32] 父   [33] 外

[34] 水   [35] 日   [36] 七

[37] 母   [38] 五   [39] 月

[40] 一

[문제 41-44] 다음 漢字한자의 訓(훈: 뜻)을 〈보기〉에서 찾아 그 번호를 쓰세요.

〈보기〉
① 흙   ② 여덟
③ 푸를 ④ 불

[41] 火   [42] 土

[43] 靑   [44] 八

[문제 45-48] 다음 漢字한자의 音(음: 소리)을 〈보기〉에서 찾아 그 번호를 쓰세요.

〈보기〉
① 형 ② 서 ③ 장 ④ 촌

[45] 西   [46] 寸

[47] 兄   [48] 長

[문제 49-50] 다음 漢字한자의 진하게 표시한 획은 몇 번째 쓰는지 〈보기〉에서 찾아 그 번호를 쓰세요.

〈보기〉
① 첫 번째   ② 두 번째
③ 세 번째   ④ 네 번째
⑤ 다섯 번째 ⑥ 여섯 번째
⑦ 일곱 번째 ⑧ 여덟 번째
⑨ 아홉 번째 ⑩ 열 번째
⑪ 열한 번째

[49] 國

[50] 金

♣ 수고하셨습니다.

제102회 전국한자능력검정시험 8급 정답 및 해설

(사)한국어문회 주관 · 한국한자능력검정회 시행

1. **정답** 사
   풀이 四(넉 사)

2. **정답** 대
   풀이 大(큰 대)

3. **정답** 문
   풀이 門(문 문)

4. **정답** 동
   풀이 東(동쪽 동, 주인 동)

5. **정답** 서
   풀이 西(서쪽 서)

6. **정답** 남
   풀이 南(남쪽 남)

7. **정답** 북
   풀이 北(북쪽 북, 등질 배, 달아날 배)

8. **정답** 청
   풀이 靑(푸를 청, 젊을 청)

9. **정답** 국
   풀이 國(나라 국)

10. **정답** 민
    풀이 民(백성 민)

11. **정답** ⑥
    풀이 三(석 삼)

12. **정답** ⑩
    풀이 九(아홉 구, 클 구, 많을 구)

13. **정답** ①
    풀이 六(여섯 륙)

14. **정답** ②
    풀이 金(쇠 금, 금 금, 돈 금, 성씨 김)

15. **정답** ③
    풀이 年(해 년, 나이 년)

16. **정답** ⑨
    풀이 土(흙 토)

17. **정답** ④
    풀이 寸(마디 촌, 법도 촌)

18. **정답** ⑧
    풀이 女(여자 녀)

19. **정답** ⑦
    풀이 軍(군사 군)

20. **정답** ⑤
    풀이 七(일곱 칠)

21. **정답** ⑥
    풀이 人(사람 인)

22. **정답** ⑩
    풀이 八(여덟 팔, 나눌 팔)

23. **정답** ⑦
    풀이 二(둘 이)

24. **정답** ①
    풀이 室(집 실, 방 실, 아내 실)

25. **정답** ⑧
    풀이 十(열 십, 많을 십)

26. **정답** ⑤
    풀이 王(임금 왕, 으뜸 왕)

27. **정답** ②
    풀이 敎(가르칠 교)

28. **정답** ④
    풀이 中(가운데 중, 맞힐 중)

29. **정답** ③
    풀이 一(한 일)

30. **정답** ⑨
    풀이 弟(아우 제, 제자 제)

31. 정답 길 장, 어른 장
32. 정답 배울 학, 학교 학
33. 정답 일만 만, 많을 만
34. 정답 달 월, 육 달 월
35. 정답 해 일, 날 일
36. 정답 불 화
37. 정답 흰 백, 밝을 백, 깨끗할 백, 아뢸 백
38. 정답 학교 교, 교정볼 교, 장교 교
39. 정답 어머니 모
40. 정답 형 형, 어른 형
41. 정답 ③
    풀이 木(나무 목)
42. 정답 ②
    풀이 外(밖 외)
43. 정답 ①
    풀이 山(뫼 산, 산 산)
44. 정답 ④
    풀이 父(아버지 부)
45. 정답 ③
    풀이 生(날 생, 살 생, 사람을 부를 때 쓰는 접사 생)
46. 정답 ④
    풀이 先(먼저 선)
47. 정답 ②
    풀이 水(물 수)
48. 정답 ①
    풀이 韓(한국 한)
49. 정답 ⑨
50. 정답 ③

(사)한국어문회 주관 · 한국한자능력검정회 시행

제103회 전국한자능력검정시험 8급 정답 및 해설

1. **정답** 외
   풀이 外(밖 외)

2. **정답** 사
   풀이 四(넉 사)

3. **정답** 촌
   풀이 寸(마디 촌, 법도 촌)

4. **정답** 형
   풀이 兄(형 형, 어른 형)

5. **정답** 년
   풀이 年(해 년, 나이 년)

6. **정답** 삼
   풀이 三(석 삼)

7. **정답** 월
   풀이 月(달 월, 육 달 월)

8. **정답** 중
   풀이 中(가운데 중, 맞힐 중)

9. **정답** 학
   풀이 學(배울 학, 학교 학)

10. **정답** 교
    풀이 校(학교 교, 교정볼 교, 장교 교)

11. **정답** ④
    풀이 軍(군사 군)

12. **정답** ⑨
    풀이 土(흙 토)

13. **정답** ②
    풀이 先(먼저 선)

14. **정답** ⑧
    풀이 一(한 일)

15. **정답** ⑩
    풀이 人(사람 인)

16. **정답** ⑤
    풀이 女(여자 녀)

17. **정답** ⑦
    풀이 七(일곱 칠)

18. **정답** ①
    풀이 父(아버지 부)

19. **정답** ⑥
    풀이 室(집 실, 방 실, 아내 실)

20. **정답** ③
    풀이 母(어머니 모)

21. **정답** ⑨
    풀이 靑(푸를 청, 젊을 청)

22. **정답** ③
    풀이 九(아홉 구, 클 구, 많을 구)

23. **정답** ⑦
    풀이 十(열 십, 많을 십)

24. **정답** ⑧
    풀이 民(백성 민)

25. **정답** ①
    풀이 門(문 문)

26. **정답** ④
    풀이 弟(아우 제, 제자 제)

27. **정답** ②
    풀이 六(여섯 륙)

28. **정답** ⑩
    풀이 小(작을 소)

29. **정답** ⑥
    풀이 王(임금 왕, 으뜸 왕)

30. **정답** ⑤
    풀이 韓(한국 한)

31. 정답 나무 목
32. 정답 남쪽 남
33. 정답 해 일, 날 일
34. 정답 다섯 오
35. 정답 날 생, 살 생, 사람을 부를 때 쓰는 접사 생
36. 정답 흰 백, 밝을 백, 깨끗할 백, 아뢸 백
37. 정답 가르칠 교
38. 정답 일만 만, 많을 만
39. 정답 둘 이
40. 정답 불 화
41. 정답 ③
    풀이 西(서녘 서, 서쪽 서)
42. 정답 ②
    풀이 國(나라 국)
43. 정답 ①
    풀이 大(큰 대)
44. 정답 ④
    풀이 水(물 수)
45. 정답 ④
    풀이 北(북쪽 북, 등질 배, 달아날 배)
46. 정답 ②
    풀이 金(쇠 금, 금 금, 돈 금, 성씨 김)
47. 정답 ①
    풀이 八(여덟 팔, 나눌 팔)
48. 정답 ③
    풀이 山(산 산)
49. 정답 ⑦
50. 정답 ⑧

(사)한국어문회 주관 · 한국한자능력검정회 시행

제104회 전국한자능력검정시험 8급 정답 및 해설

1. **정답** 일
   풀이 一(한 일)

2. **정답** 남
   풀이 南(남쪽 남)

3. **정답** 대
   풀이 大(큰 대)

4. **정답** 문
   풀이 門(문 문)

5. **정답** 산
   풀이 山(산 산)

6. **정답** 동
   풀이 東(동쪽 동, 주인 동)

7. **정답** 학
   풀이 學(배울 학, 학교 학)

8. **정답** 교
   풀이 校(학교 교, 교정볼 교, 장교 교)

9. **정답** 교
   풀이 敎(가르칠 교)

10. **정답** 실
    풀이 室(집 실, 방 실, 아내 실)

11. **정답** ④
    풀이 生(날 생, 살 생, 사람을 부를 때 쓰는 접사 생)

12. **정답** ⑦
    풀이 韓(한국 한)

13. **정답** ③
    풀이 國(나라 국)

14. **정답** ⑥
    풀이 軍(군사 군)

15. **정답** ⑤
    풀이 金(쇠 금, 금 금, 돈 금, 성씨 김)

16. **정답** ⑩
    풀이 寸(마디 촌)

17. **정답** ⑧
    풀이 六(여섯 륙)

18. **정답** ②
    풀이 九(아홉 구, 클 구, 많을 구)

19. **정답** ①
    풀이 年(해 년, 나이 년)

20. **정답** ⑨
    풀이 萬(일만 만, 많을 만)

21. **정답** ⑨
    풀이 西(서쪽 서)

22. **정답** ④
    풀이 先(먼저 선)

23. **정답** ⑦
    풀이 人(사람 인)

24. **정답** ⑩
    풀이 四(넉 사)

25. **정답** ⑤
    풀이 十(열 십)

26. **정답** ⑧
    풀이 日(해 일, 날 일)

27. **정답** ②
    풀이 父(아버지 부)

28. **정답** ⑥
    풀이 外(밖 외)

29. **정답** ①
    풀이 靑(푸를 청, 젊을 청)

30. 정답 ③
    풀이 白(흰 백, 밝을 백, 깨끗할 백, 아뢸 백)
31. 정답 아우 제, 제자 제
32. 정답 가운데 중, 맞힐 중
33. 정답 일곱 칠
34. 정답 불 화
35. 정답 흙 토
36. 정답 여덟 팔, 나눌 팔
37. 정답 형 형, 어른 형
38. 정답 백성 민
39. 정답 나무 목
40. 정답 여자 녀
41. 정답 ③
    풀이 長(길 장, 어른 장)
42. 정답 ②
    풀이 王(임금 왕, 으뜸 왕)
43. 정답 ④
    풀이 水(물 수)
44. 정답 ①
    풀이 五(다섯 오)
45. 정답 ③
    풀이 月(달 월, 육 달 월)
46. 정답 ①
    풀이 三(석 삼)
47. 정답 ②
    풀이 小(작을 소)
48. 정답 ④
    풀이 二(둘 이)
49. 정답 ⑤
50. 정답 ④

(사)한국어문회 주관·한국한자능력검정회 시행

제105회 전국한자능력검정시험 8급 정답 및 해설

1. **정답** 학
   풀이 學(배울 학, 학교 학)

2. **정답** 생
   풀이 生(날 생, 살 생, 사람을 부를 때 쓰는 접사 생)

3. **정답** 대
   풀이 大(큰 대)

4. **정답** 한
   풀이 韓(한국 한)

5. **정답** 민
   풀이 民(백성 민)

6. **정답** 국
   풀이 國(나라 국)

7. **정답** 동
   풀이 東(동쪽 동, 주인 동)

8. **정답** 서
   풀이 西(서쪽 서)

9. **정답** 남
   풀이 南(남쪽 남)

10. **정답** 북
    풀이 北(북쪽 북, 등질 배, 달아날 배)

11. **정답** ⑩
    풀이 土(흙 토)

12. **정답** ⑦
    풀이 小(작을 소)

13. **정답** ⑤
    풀이 王(임금 왕, 으뜸 왕)

14. **정답** ①
    풀이 萬(일만 만, 많을 만)

15. **정답** ④
    풀이 長(길 장, 어른 장)

16. **정답** ⑥
    풀이 弟(아우 제, 제자 제)

17. **정답** ②
    풀이 三(석 삼)

18. **정답** ⑧
    풀이 火(불 화)

19. **정답** ⑨
    풀이 五(다섯 오)

20. **정답** ③
    풀이 校(학교 교, 교정볼 교, 장교 교)

21. **정답** ④
    풀이 八(여덟 팔, 나눌 팔)

22. **정답** ⑧
    풀이 木(나무 목)

23. **정답** ②
    풀이 門(문 문)

24. **정답** ⑩
    풀이 日(해 일, 날 일)

25. **정답** ⑦
    풀이 十(열 십, 많을 십)

26. **정답** ①
    풀이 白(흰 백, 밝을 백, 깨끗할 백, 아뢸 백)

27. **정답** ⑥
    풀이 一(한 일)

28. **정답** ③
    풀이 人(사람 인)

29. **정답** ⑤
    풀이 敎(가르칠 교)

30. 정답 ⑨
    풀이 山(산 산)
31. 정답 일곱 칠
32. 정답 물 수
33. 정답 군사 군
34. 정답 여섯 륙
35. 정답 둘 이
36. 정답 마디 촌, 법도 촌
37. 정답 푸를 청, 젊을 청
38. 정답 가운데 중, 맞힐 중
39. 정답 넉 사
40. 정답 집 실, 방 실, 아내 실
41. 정답 ③
    풀이 女(계집 녀, 여자 녀)
42. 정답 ①
    풀이 母(어머니 모)
43. 정답 ②
    풀이 年(해 년, 나이 년)
44. 정답 ④
    풀이 九(아홉 구, 클 구, 많을 구)
45. 정답 ④
    풀이 月(달 월, 육 달 월)
46. 정답 ③
    풀이 金(쇠 금, 금 금, 돈 금, 성씨 김)
47. 정답 ②
    풀이 外(밖 외)
48. 정답 ①
    풀이 先(먼저 선)
49. 정답 ④
50. 정답 ⑤

(사)한국어문회 주관・한국한자능력검정회 시행

제106회 전국한자능력검정시험 8급 정답 및 해설

1. **정답** 남
   풀이 南(남쪽 남)

2. **정답** 선
   풀이 先(먼저 선)

3. **정답** 생
   풀이 生(날 생, 살 생, 사람을 부를 때 쓰는 접사 생)

4. **정답** 학
   풀이 學(배울 학, 학교 학)

5. **정답** 교
   풀이 校(학교 교, 교정볼 교, 장교 교)

6. **정답** 교
   풀이 敎(가르칠 교)

7. **정답** 실
   풀이 室(집 실, 방 실, 아내 실)

8. **정답** 문
   풀이 門(문 문)

9. **정답** 이
   풀이 二(둘 이)

10. **정답** 여
    풀이 女[여자 녀(여)]

11. **정답** ⑩
    풀이 王(임금 왕, 으뜸 왕)

12. **정답** ③
    풀이 軍(군사 군)

13. **정답** ⑥
    풀이 韓(한국 한)

14. **정답** ④
    풀이 年(해 년, 나이 년)

15. **정답** ⑧
    풀이 民(백성 민)

16. **정답** ①
    풀이 小(작을 소)

17. **정답** ⑤
    풀이 東(동쪽 동, 주인 동)

18. **정답** ⑨
    풀이 六(여섯 륙)

19. **정답** ⑦
    풀이 北(북쪽 북, 등질 배, 달아날 배)

20. **정답** ②
    풀이 白(흰 백, 밝을 백, 깨끗할 백, 아뢸 백)

21. **정답** ②
    풀이 三(석 삼)

22. **정답** ⑨
    풀이 九(아홉 구, 클 구, 많을 구)

23. **정답** ⑧
    풀이 山(산 산)

24. **정답** ⑩
    풀이 中(가운데 중, 맞힐 중)

25. **정답** ③
    풀이 大(큰 대)

26. **정답** ⑦
    풀이 木(나무 목)

27. **정답** ④
    풀이 四(넉 사)

28. **정답** ⑥
    풀이 人(사람 인)

29. **정답** ⑤
    풀이 十(열 십, 많을 십)

30. 정답 ①
    풀이 弟(아우 제, 제자 제)
31. 정답 일만 만, 많을 만
32. 정답 아버지 부
33. 정답 밖 외
34. 정답 물 수
35. 정답 해 일, 날 일
36. 정답 일곱 칠
37. 정답 어머니 모
38. 정답 다섯 오
39. 정답 달 월, 육 달 월
40. 정답 한 일
41. 정답 ④
    풀이 火(불 화)
42. 정답 ①
    풀이 土(흙 토)
43. 정답 ③
    풀이 靑(푸를 청, 젊을 청)
44. 정답 ②
    풀이 八(여덟 팔, 나눌 팔)
45. 정답 ②
    풀이 西(서쪽 서)
46. 정답 ④
    풀이 寸(마디 촌, 법도 촌)
47. 정답 ①
    풀이 兄(형 형, 어른 형)
48. 정답 ③
    풀이 長(길 장, 어른 장)
49. 정답 ⑦
50. 정답 ⑥

제 4 편

한자 찾아보기

한자 찾아보기

제4편 한자 찾아보기

※ 제시된 숫자는 '제목번호'입니다.

ㄱ
- 거 車 021
- 경 冂 014
- 과 戈 036
- 교 交 028
- 교 校 028
- 교 敎 030
- 구 口 006
- 구 九 012
- 구 臼 029
- 국 國 036
- 군 軍 021
- 궁 弓 024
- 금 金 005
- 김 金 005

ㄴ
- 남 南 018
- 녀 女 031
- 년 年 035

ㄷ
- 대 大 004
- 동 東 017
- 두 亠 010

ㄹ
- 륙 六 010

ㅁ
- 만 萬 015
- 멱 冖 020
- 면 宀 020
- 모 母 031
- 목 木 003
- 문 門 019
- 문 問 019
- 문 文 027
- 민 民 032

ㅂ
- 배 北 018
- 백 白 013
- 백 百 013
- 복 卜 025
- 복 攵 030
- 부 父 027
- 북 北 018

ㅅ
- 사 四 009
- 사 厶 014
- 산 山 003
- 삼 三 008
- 생 生 033
- 서 西 017
- 석 夕 025
- 선 先 034

ㅅ
- 소 小 011
- 수 水 002
- 실 室 016
- 십 十 012
- 씨 氏 032

ㅇ
- 엔 円 023
- 여 女 031
- 연 年 035
- 예 乂 026
- 오 五 009
- 오 午 035
- 왕 王 022
- 외 外 025
- 우 禺 015
- 우 牛 034
- 원 円 023
- 월 月 001
- 위 韋 038
- 유 内 014
- 육 六 010
- 이 二 008
- 인 人 004
- 인 儿 007
- 일 日 001
- 일 一 008

ㅈ
- 장 長 033
- 제 弟 024
- 주 主 022
- 중 中 006
- 지 至 016

ㅊ
- 차 車 021
- 청 靑 023
- 촌 寸 037
- 촌 村 037
- 칠 七 010

ㅌ
- 토 土 005

ㅍ
- 팔 八 011

ㅎ
- 학 學 029
- 한 韓 038
- 형 兄 007
- 혹 或 036
- 화 火 002
- 효 爻 026

※ 본 도서에 사용한 『한국한자능력검정시험 기출문제』의 저작권은 사단법인 한국어문회이며, 사단법인 한국어문회의 허락을 받고 사용하였음.

어문회 한자능력검정시험 8급 한 권으로 끝내기

초 판 2 쇄 발 행	2026년 02월 10일(인쇄 2025년 11월 21일)
초 판 발 행	2025년 07월 25일(인쇄 2025년 05월 28일)
발 행 인	박영일
책 임 편 집	이해욱
편 저	박정서·박원길
편 집 진 행	박시현
표지디자인	김지수
본문디자인	양혜련·임창규
일 러 스 트	기도연
발 행 처	(주)시대고시기획
출 판 등 록	제10-1521호
주 소	서울시 마포구 큰우물로 75 [도화동 538 성지 B/D] 9F
전 화	1600-3600
팩 스	02-701-8823
홈 페 이 지	www.sdedu.co.kr
I S B N	979-11-383-9370-6 (13710)
정 가	15,800원

※ 이 책은 저작권법의 보호를 받는 저작물이므로 동영상 제작 및 무단전재와 배포를 금합니다.
※ 잘못된 책은 구입하신 서점에서 바꾸어 드립니다.

시대에듀와 함께하는!
어문회 한자

어문회 한자능력검정시험 2·3급 한 권으로 끝내기

어문회 2·3급을 '한자 3박자 연상 학습법'으로 쉽고 확실하게!

- 해당 급수 배정한자 모두 수록
- '생생한 어원 풀이'로 2·3급 한자 마스터!
- 다양한 출제 유형에 맞춰 정리한 '한자 응용하기'
- 출제 경향 완벽 분석! '실전 모의고사 5회분' 제공
- 시험장까지 들고 가는 〈빅데이터 합격 한자〉 소책자 제공

어문회 한자능력검정시험 4·5·6급 한 권으로 끝내기

어문회 4·5·6급을 '한자 3박자 연상 학습법'으로
쉽고 재미있게!

- 해당 급수 배정한자 모두 수록
- 생생한 '어원 풀이'로 4·5·6급 한자 마스터!
- 다양한 출제 유형에 맞춰 정리한 '한자 응용하기'
- 출제 경향 완벽 분석! '실전 모의고사 3회분' 제공
- 시험장까지 들고 가는 〈빅데이터 합격 한자〉 소책자 제공

어문회 한자능력검정시험 7·8급 한 권으로 끝내기

어문회 7·8급을 '한자 3박자 연상 학습법'으로 쉽고 재미있게!

- 해당 급수 배정한자 모두 수록
- 한국어문회 기출문제 정식 계약! '공식 기출문제 5회분' 수록
- 시험에 반드시 출제되는 '출제 유형별 한자' 수록
- 무료 부가 자료 5종 – 소책자, 한자 어원 풀이 MP3,
  한자 브로마이드 / 빈출 한자 카드, 한자 쓰기 노트 PDF,
  답안지 PDF 제공

시대에듀와 함께하는! 진흥회 한자

진흥회 한자자격시험 2급 한 권으로 끝내기

진흥회 2급을 '한자 3박자 연상 학습법'으로
쉽고 확실하게!

- 한자자격시험 2급 선정한자 2,300자 수록
- '생생한 어원 풀이'로 2급 한자 마스터!
- 다양한 출제 유형에 맞춰 정리한 '한자 응용하기'
- 실제 기출문제로 실력 점검! '최신 기출문제 5회분'
- 저자가 직접 출제한 '실전 모의고사' 1회분 추가 제공
- 시험 직전 막판 뒤집기! 〈빅데이터 합격 한자 750〉 소책자 제공

진흥회 한자자격시험 3급 한 권으로 끝내기

진흥회 3급을 '한자 3박자 연상 학습법'으로
쉽고 확실하게!

- 한자자격시험 3급 선정한자 1,800자 수록
- '생생한 어원 풀이'로 3급 한자 마스터!
- 다양한 시험 유형에 맞춰 정리한 '한자 응용하기'
- 실제 기출문제로 실력 점검! '최신 기출문제 5회분'
- 시험 직전 막판 뒤집기! 〈빅데이터 합격 한자 450〉 소책자 제공

※ 도서의 이미지는 변동될 수 있습니다.

한자암기박사 시리즈

읽으면 저절로 외워지는 **기적의 암기공식!**

한자암기박사 1

일본어 한자암기박사1
상용한자 기본학습

중국어 한자암기박사1
기초학습

한자암기박사 2

일본어 한자암기박사2
상용한자 심화학습

중국어 한자암기박사2
심화학습

- 20여 년간 사랑받고 검증된 '한자 3박자 연상 학습법'으로 읽으면서 익히는 한자 완전학습!
- 부수/획수/필순/활용 어휘 등 사전이 필요 없는 상세한 해설과 한자 응용!

※ 도서의 이미지는 변동될 수 있습니다.

대한민국 모든 시험 일정 및 최신 출제 경향·신유형 문제

꼭 필요한 자격증·시험 일정과 최신 출제 경향·신유형 문제를 확인하세요!

출제 경향·신유형 문제

시험 일정 안내

◀ 시험 일정 안내 / 최신 출제 경향·신유형 문제 ▲

- 한국산업인력공단 국가기술자격 검정 일정
- 자격증 시험 일정
- 공무원·공기업·대기업 시험 일정

합격의 공식
시대에듀

24
生
훈: 날, 생
부수: 生
획수: 5획
필순: ノ 一 ㅗ 牛 生
음:

25
西
훈: 서쪽
부수: 襾
획수: 6획
필순: 一 一 一 一 西 西
음: 서

26
先
훈: 먼저
부수: 人(儿)
획수: 6획
필순: ノ 一 ㅗ 生 先 先
음: 선

27
小
훈: 작을
부수: 小
획수: 3획
필순: 亅 ㅅ 小
음:

28
水
훈: 물
부수: 水
획수: 4획
필순: 丨 刁 가 水
음:

29
室
훈: 집
부수: 宀
획수: 9획
필순: ㅅ ㅅ ㅗ 宀 空 空 空 室 室
음: 실

24 날, 생 25 西 26 먼저
27 소 28 물, 수 29 실

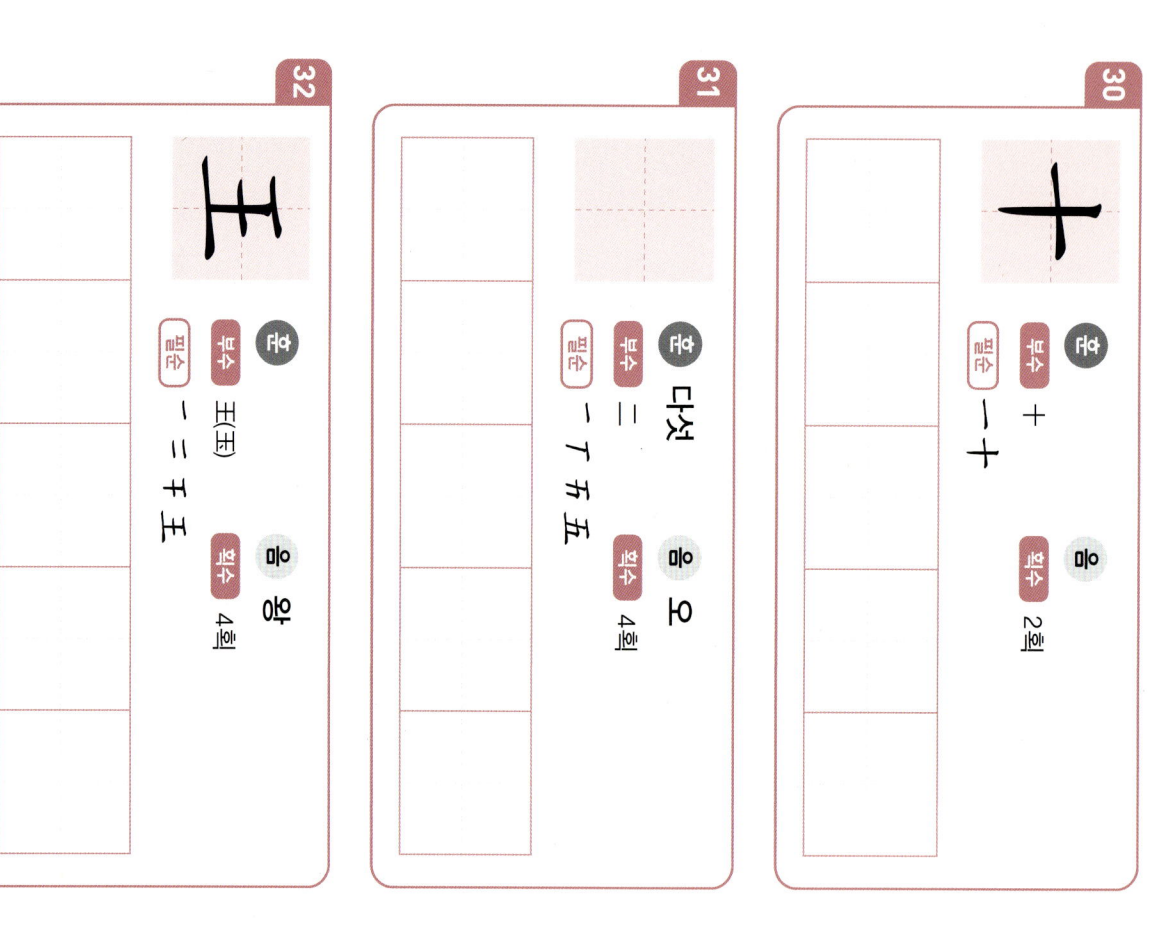
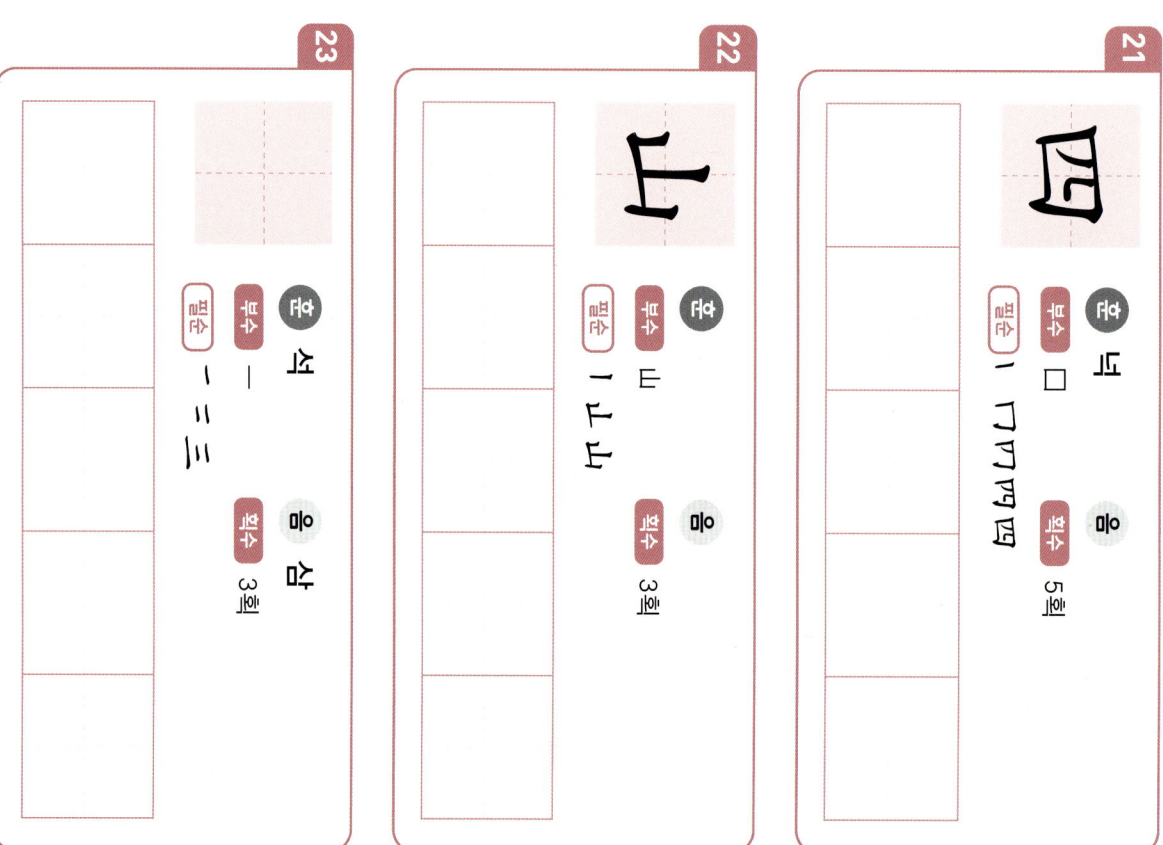

33
훈 밖
부수 夕
필순 ノクタ外外
음 외
획수 5획

34
훈 달
부수 月
필순 ノ刀月月
음 월
획수 4획

月

35
훈 두
부수 二
필순 一二
음 이
획수 2획

二

18
훈 흰
부수 白
필순 ノ丨白白白
음 백
획수 5획

白

19
훈 아버지
부수 父
필순 ノハグ父
음 부
획수 4획

20
훈 북쪽
부수 匕
필순 丨 ㅏ ㅓ ㅓ 北
음 북
획수 5획

18 흰, 백 19 父 20 北

33 外 34 월 35 둘, 이

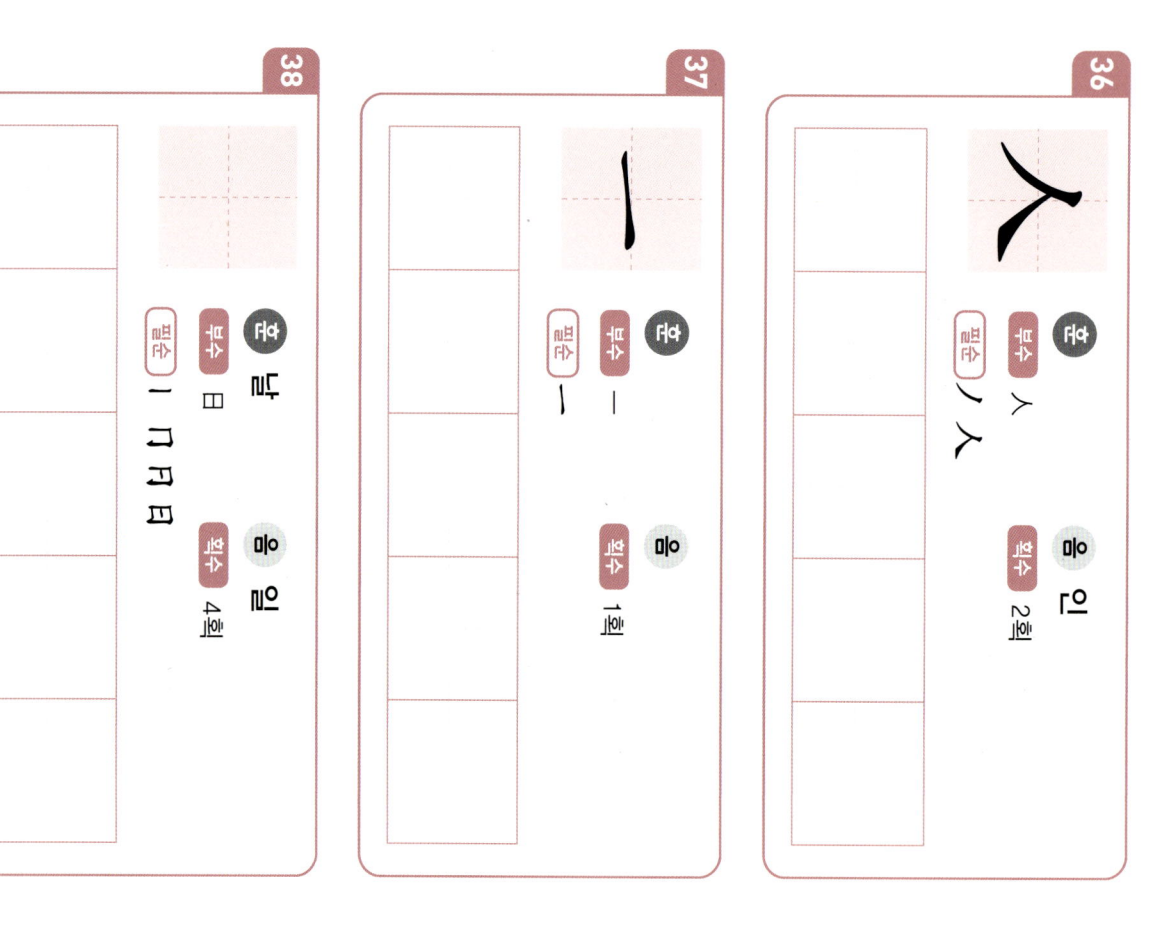

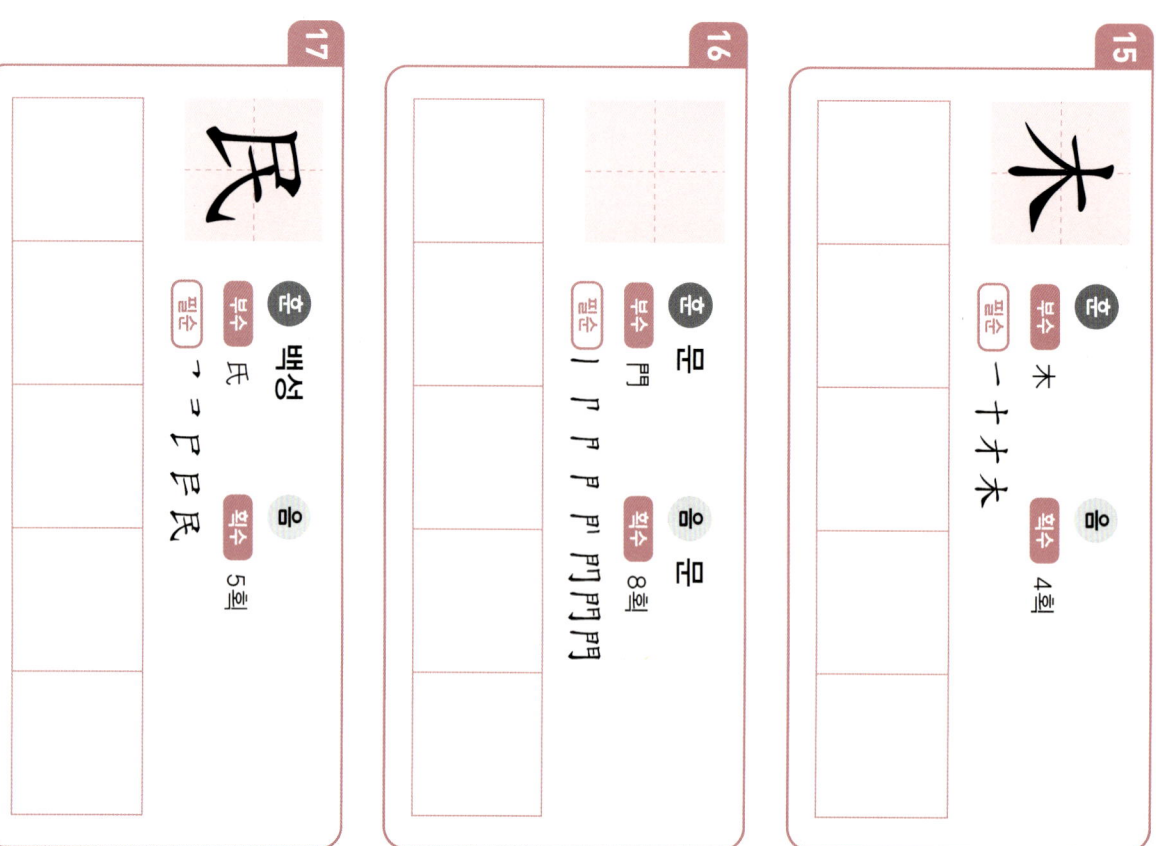

39

훈 길　**음** 장

- 부수: 長
- 획수: 8획
- 필순: 一 ㅏ ㅏ ㅌ ㅌ ㅌ 토 長

長

40

훈 아우　**음** 제

- 부수: 弓
- 획수: 7획
- 필순: ㆍ ㅛ ㅛ 当 与 弟 弟

弟

41

훈 가운데　**음** 중

- 부수: 丨
- 획수: 4획
- 필순: 丨 ㄇ ㅁ 中

中

12

훈 여섯　**음** 륙

- 부수: 八
- 획수: 4획
- 필순: ㆍ 亠 六 六

六

13

훈 일만　**음** 만

- 부수: 艸(艹)
- 획수: 13획
- 필순: 一 ㅛ ㅛ 뿌 뿌 뿌 뿌 苩 苩 苩 萬 萬 萬

萬

14

훈 어머니　**음** 모

- 부수: 母
- 획수: 5획
- 필순: ㄴ 口 口 母 母

母

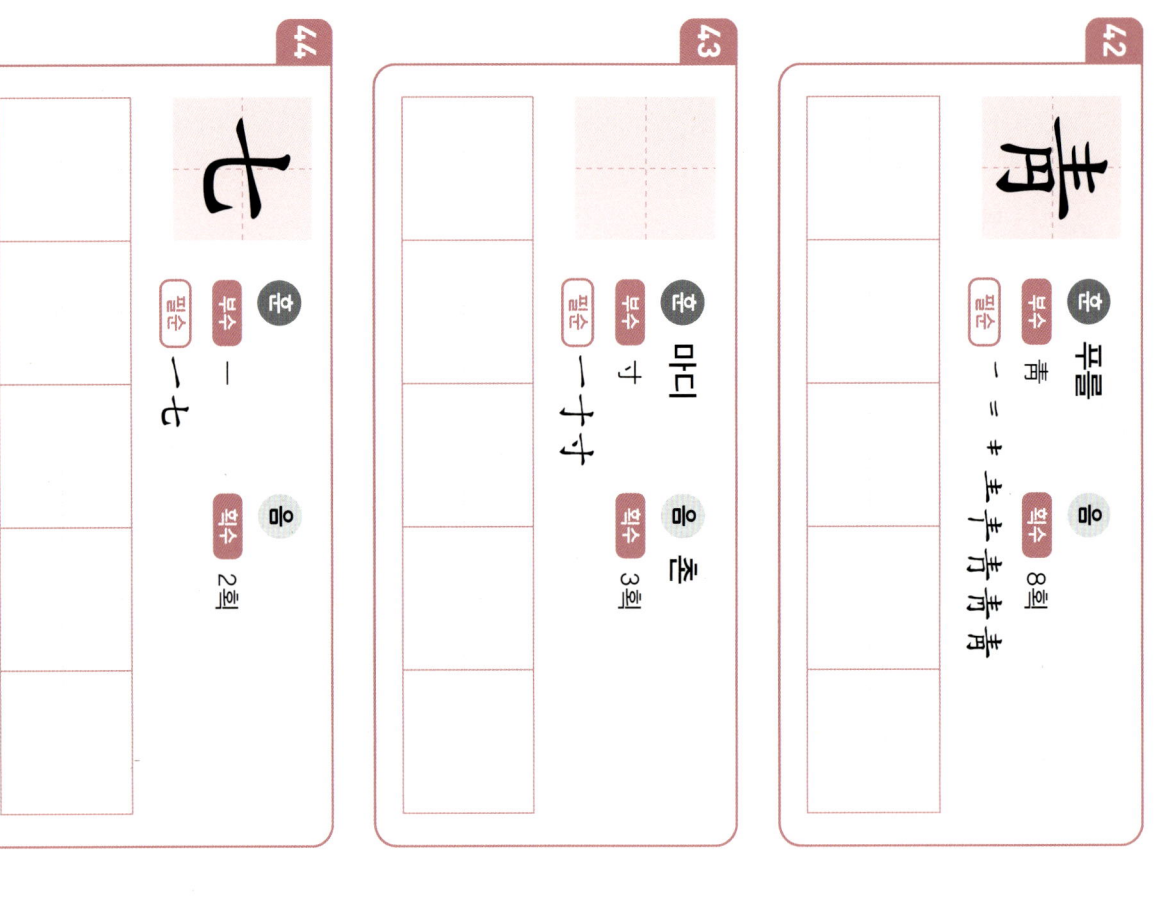

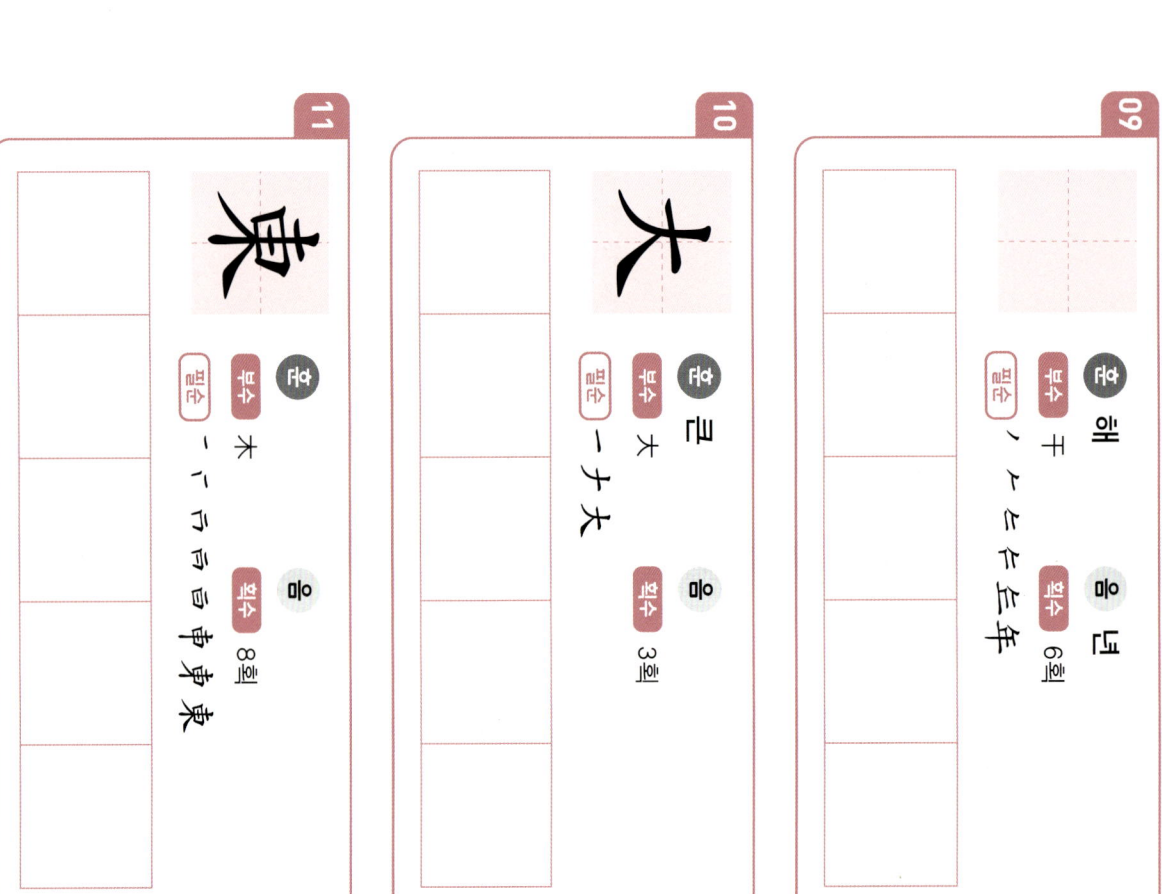

45 土
- 훈: 흙
- 음: 토
- 부수: 土
- 획수: 3획
- 필순: 一 十 土

46 八
- 훈: 여덟
- 음: 팔
- 부수: 八
- 획수: 2획
- 필순: ノ 八

47 學
- 훈: 배울
- 음: 학
- 부수: 子
- 획수: 16획
- 필순: ´ ⺍ ⺍ ⺍ 𦥯 𦥯 學 學

06 金
- 훈: 쇠, 성
- 음: 금, 김
- 부수: 金
- 획수: 8획
- 필순: ノ 人 人 仐 仐 仐 金 金

07 南
- 훈: 남쪽
- 음: 남
- 부수: 十
- 획수: 9획
- 필순: 一 十 冂 冂 冉 冉 南 南 南

08 女
- 훈: 여자, 녀
- 음: 녀
- 부수: 女
- 획수: 3획
- 필순: ㄑ ㄥ 女

48 韓
- 부수: 韋
- 훈: 한국, 한
- 음: 한
- 획수: 17획
- 필순: 一十十十六古查查 朝朝朝朝朝韓韓韓

49 民
- 부수: 氏
- 훈: 백성
- 음: 민
- 획수: 5획
- 필순: 𠃋 𠃌 尸 尸 民

50 火
- 부수: 火
- 훈: 불
- 음: 화
- 획수: 4획
- 필순: ‵ ⺍ 少 火

03 九
- 부수: 乙
- 훈: 아홉
- 음: 구
- 획수: 2획
- 필순: ノ 九

04 國
- 부수: 囗
- 훈: 나라
- 음: 국
- 획수: 11획
- 필순: 丨 冂 冂 伺 何 何 國 國 國 國 國

05 軍
- 부수: 車
- 훈: 군사
- 음: 군
- 획수: 9획
- 필순: ′ 冖 冖 冝 宣 宣 宣 軍 軍

8급 배정한자

50자 총정리

* 한자, 훈, 음 등 빈칸을 채우며 시험 전 마지막으로 8급 한자를 정리해 보세요.
* 빈칸을 다 채웠다면, 한자를 따라 쓰며 다시 한번 익혀 보세요.

01 教

- 훈:
- 음: 교
- 부수: 攵
- 획수: 11획
- 필순: ⠂ ⠄ ⠆ ⠇ 孝 孝 孝 孝 孝 敎 敎

02 校

- 훈:
- 음:
- 부수: 木
- 획수: 10획
- 필순: 一 十 才 木 オ オ 栌 栌 校 校

---

01 가르칠 02 학교, 교

MEMO

한 번 보면 절대 잊을 수 없는

내 인생 마지막 8급 한자

뮤테이스

클리드 초등수학 8급

내친김에 한번에 끝내는

시대에듀